Walther Ziegler

Marx
in 60 Minuten

Dank an Rudolf Aichner für seine unermüdliche und kritische Redigierung,
Silke Ruthenberg für die feine Grafik, Angela Schumitz, Lydia Pointvogl, Eva Amberger,
Christiane Hüttner, Dr. Martin Engler für das Lektorat
und Dank an Prof. Guntram Knapp, der mich für die Philosophie begeistert hat.

Bibliografische Information der Deutschen Nationalbibliothek:
Die Deutsche Nationalbibliothek verzeichnet diese Publikation in der Deutschen
Nationalbibliografie; detaillierte bibliografische Daten sind im Internet über www.dnb.de
abrufbar.

© 2015 Dr. Walther Ziegler
2. Auflage Juli 2015
Umschlaggestaltung und Grafik des gesamten Buches: Silke Ruthenberg
unter Verwendung von Illustrationen von:
Raphael Bräsecke, Creactive – Atelier für Werbung, Comic & Illustration (Zeichnungen)
© JackF - Fotolia.com (Bilderrahmen)
© Valerie Potapova - Fotolia.com (Bilderrahmen)
© Svetlana Gryankina - Fotolia.com (Sprechblasen)
Herstellung und Verlag:
BoD – Books on Demand, Norderstedt
ISBN 978-3-7347-8154-4

Inhalt

Die große Entdeckung von Marx   7

Der Kerngedanke von Marx   14

  Die materiellen Grundbedürfnisse   14

  Die Arbeit   20

  Basis und Überbau   24

  Religion als Opium fürs Volk   30

  Geschichte als Klassenkampf   34

  Die Theorie vom Mehrwert   45

  Akkumulation und Konzentration   48

  Verelendung und Revolution   54

  Absterben des Staates   63

  Entfremdung   67

  Die Aufhebung der Entfremdung   70

  Das Reich der Freiheit   72

Was nützt uns die Entdeckung von Marx heute?   74

  Die Warnung vor dem Hexenmeister – Wie die Kontrolle behalten?   74

  Jede Zeit hat ihre Ideologie – auch die unsere. Ideologiekritik heute   81

Das Reich der Freiheit verwirklichen -
Arbeit ist nur eine Zwischenstation　　88

Egoismus mag erfolgreich sein – Vollendung
findet der Mensch nur als Gattungswesen　　93

Zitatverzeichnis　　99

Die große Entdeckung von Marx

Die philosophische Anstrengung von Marx (1818-1883) ist enorm. Er versuchte als erster, das Bewegungsgesetz der gesamten Menschheitsgeschichte zu entschlüsseln. Er wollte aus dem Ablauf der bisherigen Geschichte präzise Erkenntnisse für die künftige Entwicklung gewinnen und sie in eine sinnvolle Richtung lenken.

Ein solches Unterfangen scheint auf den ersten Blick unmöglich, wenn nicht sogar größenwahnsinnig. Welcher Mensch – und sei es auch ein noch so weitblickender Philosoph – kann schon die Zukunft vorhersagen oder gar Einfluss auf die geschichtliche Entwicklung nehmen?

Karl Marx gelang es tatsächlich, aus der Vergangenheit und den Ereignissen seiner Epoche philosophische, ökonomische und gesellschaftspolitische Schlüsse zu ziehen, die sich in der Folgezeit in vielen Nationen bewahrheiten sollten. Etwa hundert

Jahre nach seinem Tod lebte tatsächlich ein Drittel der Menschheit nach einem Gesellschaftsmodell, das seinen Namen trug. Der sogenannte Marxismus verbreitete sich auf der ganzen Welt. Nie zuvor und nie mehr danach hatte ein einzelner Philosoph eine solch ungeheure Wirkung.

Die sozialen Zustände in den Zeiten von Marx, insbesondere die Arbeitsbedingungen in den neu entstandenen Fabriken waren katastrophal. Nicht nur Männer, auch Frauen und Kinder mussten zwölf bis vierzehn Stunden am Tag arbeiten. Die Wohnsituation und die hygienischen Zustände in den Elendsquartieren der Industriearbeiter waren menschenunwürdig. Marx sah es als seine Pflicht, für die notleidende Bevölkerung Partei zu ergreifen und eine revolutionäre Veränderung herbeizuführen.

Doch nicht nur er selbst, alle Philosophen, so Marx, hätten die Aufgabe, an der Verbesserung der Gesellschaft mitzuwirken. Man dürfe sich nicht mehr damit begnügen, die Welt nur zu verstehen und auszulegen, wie dies in den letzten zweitausend Jahren der Fall gewesen war. Zusammen mit dem Philosophen Feuerbach fordert Marx deshalb:

Die große Entdeckung von Marx

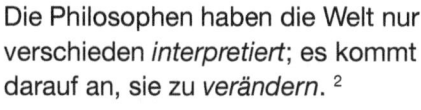

> Die Philosophen haben die Welt nur verschieden *interpretiert*; es kommt darauf an, sie zu *verändern*. [2]

So beobachtete der junge Marx als Journalist und Philosoph jahrelang die aktuelle Politik, die Geschichte und wirtschaftliche Entwicklung Europas, bis er die Ursache aller Veränderungen erkannt zu haben glaubte. Die gesamte Entwicklung der Menschheit von der Antike bis heute sei letztlich die notwendige Abfolge von großen Auseinandersetzungen zwischen verschiedenen gesellschaftlichen Gruppen:

> Die Geschichte aller bisherigen Gesellschaft ist die Geschichte von Klassenkämpfen. [3]

In regelmäßigen Abständen, so Marx, kommt es zu großen Revolutionen, die das Herrschaftssystem und damit auch die wirtschaftlichen Grundlagen der Gesellschaft radikal verändern. Auch er lebte mit seiner Familie in einer Zeit des Umbruchs. In seinen Zeitungsartikeln unterstützte er die Revolution von 1848 in Deutschland und verfasste zusammen mit seinem Freund Engels das berühmte „kommunistische Manifest".

Dieser Aufruf zur Revolution brachte ihm die erbitterte Feindschaft des preußischen Königs ein. Er wurde verfolgt und musste nach Frankreich fliehen. In seinem Heimatland Preußen wäre er sofort verhaftet worden. Man hatte ihm sogar die Staatsbürgerschaft entzogen. Als der preußische König ihn schließlich auch in Frankreich verfolgte und seine Auslieferung forderte, blieb ihm nichts anderes übrig, als mit seiner Familie für immer nach England zu fliehen. Doch auch dort arbeitete er weiter an seinen revolutionären Schriften.

Das Geld, das er mit dem Verkauf seiner Bücher und Zeitungsartikel verdiente, reichte allerdings nicht, um seine sechsköpfige Familie zu ernähren. Seinem Freund Engels, der ihn aus Deutschland mit Geldzuwendungen unterstützte, schrieb er in einem Brief vom 8. September 1852:

Die große Entdeckung von Marx

> Meine Frau ist krank, Jennychen ist krank, Lehnchen hat eine Art Nervenfieber. Den Doktor kann und konnte ich nicht rufen, weil ich kein Geld für Medizin habe. Seit 8-10 Tagen habe ich die family mit Brot und Kartoffeln durchgefüttert, von denen es noch fraglich ist, ob ich sie heute auftreiben kann. [4]

Marx verspürte die Armut also am eigenen Leib. Er lebte während der Industrialisierung und sah, wie um ihn herum die Städte rasant anwuchsen, wie immer mehr Menschen vom Land in die Metropolen zogen, um dort in Tag- und Nachtschichten in den Fabriken zu arbeiten. Er sah, wie Kinder für einen Hungerlohn an den Maschinen der Textilfabriken gigantische Mengen Stoff produzierten. Und er sah, wie neue Eisenbahnstrecken aus dem Boden gestampft, Bergwerke gebaut wurden und Dampfschiffe voller Waren zwischen Amerika und Europa pendelten.

Staunend analysierte er die voranschreitende industrielle Entwicklung und kam zu dem Ergebnis, dass mit der modernen kapitalistischen Produktionsweise so viele Waren wie nie zuvor in der Geschichte hergestellt werden konnten, dass aber die Mehrheit der Menschen vom erwirtschafteten Reichtum und Wohlstand ausgeschlossen blieb. Auch war er fest davon überzeugt, dass das freie Spiel von Angebot und Nachfrage langfristig zusammenbrechen und zu globalen Krisen führen würde. Deshalb kritisierte er das kapitalistische System und empfahl die Abschaffung des Privateigentums. Stattdessen sollte eine neuartige gemeinschaftliche Produktionsweise eingeführt werden, der sogenannte Kommunismus.

Die Wirkungen dieser Gedanken war ungeheuer: In so unterschiedlichen Ländern wie Russland, China, Kuba, Nicaragua und Mosambik, aber auch in vielen weiteren Staaten kam es zu kommunistischen Revolutionen. Fast ein Jahrhundert lang beriefen sich kommunistische und sozialistische Regierungen auf die Geschichts- und Gesellschaftsphilosophie von Marx.

Doch die planwirtschaftliche Produktion dieser Staaten erwies sich als schwerfällig und in vielen Bereichen ineffizient. Etwa hundert Jahre nach dem Tod von Marx ging die von ihm ins Leben gerufene kommunistische Welt wieder unter. Seit der Selbstauflösung der Sowjetunion in den 90er Jahren gilt der

Kommunismus weltweit als gescheitert. Nach dem Fall des eisernen Vorhangs meinten viele, Marx habe sich geirrt und der Kapitalismus sei letztlich doch das einzig erfolgversprechende Wirtschaftssystem. Man hoffte, Demokratie, Marktwirtschaft und die gerechte Verteilung des Wohlstandes unter einen Hut zu bringen. Doch dieser Optimismus währte nicht lange.

Die globalen Wirtschafts- und Finanzkrisen der letzten Jahrzehnte haben den Glauben an die Selbstregulierung des Kapitalismus tief erschüttert. Es zeigt sich immer deutlicher, dass auch der Kapitalismus strukturelle Schwächen aufweist. Einige Prognosen von Marx wie die zunehmende Monopolisierung und die immer weiter auseinanderklaffende Schere zwischen Arm und Reich sind bereits eingetroffen, weitere zeichnen sich am Horizont der Geschichte bereits ab. Seine scharfsinnige Kritik am Kapitalismus ist daher aktueller denn je. Keine Frage – Marx hat uns immer noch viel zu sagen.

Der Kerngedanke von Marx

Die materiellen Grundbedürfnisse

Der philosophische Ausgangspunkt von Marx ist von bestechender Einfachheit und im Grunde unbestreitbar. Jeder Mensch muss essen und trinken. Wer dies über längere Zeit nicht tut, stirbt. Denn, so Marx:

Zum Leben aber gehört vor Allem Essen und Trinken, Wohnung, Kleidung und noch einiges Andere. [5]

Deshalb muss jede Philosophie ihren Ausgangspunkt von diesen materiellen Grundbedürfnissen nehmen. Es macht keinen Sinn, so Marx, eine philosophische Theorie mit Gedanken über Gott, über Gerechtigkeit oder gar über die menschliche Vernunft zu beginnen, da all diese Dinge ohne Nahrungsaufnahme, also ohne den direkten Stoffwechsel mit der Natur, gar nicht möglich wären. Marx war Materialist. Für ihn ist die materielle Bedürfnisbefriedigung, also der Stoffwechsel, Ein- und Ausatmen, Essen und Trinken die Voraussetzung für alles andere. Deshalb steht bei Marx am Anfang der Philosophie und am Anfang der Menschheitsgeschichte die einfache Tatsache, dass der Mensch für die Befriedigung seiner materiellen Bedürfnisse arbeiten muss:

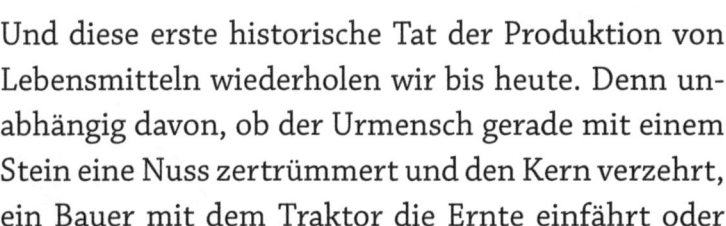

Die erste geschichtliche Tat ist also die Erzeugung der Mittel zur Befriedigung dieser Bedürfnisse, die Produktion des materiellen Lebens selbst [...]. [6]

Und diese erste historische Tat der Produktion von Lebensmitteln wiederholen wir bis heute. Denn unabhängig davon, ob der Urmensch gerade mit einem Stein eine Nuss zertrümmert und den Kern verzehrt, ein Bauer mit dem Traktor die Ernte einfährt oder ein Molekularbiologe durch Genmanipulation künftige Erträge steigert, immer handelt es sich darum, der Natur etwas abzugewinnen oder wie Marx sagt, sich die Natur anzueignen:

> Alle Produktion ist Aneignung der Natur [...].[7]

Der Mensch ist also primär nichts Geistiges oder Göttliches. Er hat, so Marx, vor allem materielle Bedürfnisse. Genau wie ein Tier eignet er sich die benötigte Materie an. Dennoch gibt es einen entscheidenden Unterschied, der die Menschen an einem bestimmten Punkt ihrer Evolution von den Tieren abhebt:

> Sie selbst fangen an, sich von den Tieren zu unterscheiden, sobald sie anfangen, ihre Lebensmittel *zu produzieren* [...]. [8]

Der Kerngedanke von Marx

Das Tier produziert keine Lebensmittel. Es findet seine Nahrung direkt in der Natur und kann sie ohne Hilfsmittel direkt verzehren. Der Büffel frisst einfach das Gras auf der Wiese. Und selbst das Raubtier, das seine Beute erjagen muss, bleibt in seiner Lebenstätigkeit im Einklang mit der inneren und äußeren Natur:

Das Tier ist unmittelbar eins mit seiner Lebenstätigkeit. Es unterscheidet sich nicht von ihr. Es ist *sie*. [9]

Beim Menschen ist der Prozess der Naturaneignung erheblich komplizierter, verzweigter und umfassender. Der Bauer produziert die Lebensmittel, ein Zweiter die Düngemittel, ein Dritter die Maschinen, mit denen der Bauer erntet, und ein Vierter den Treibstoff, mit dem der Bauer den Traktor fährt und auch die anderen Maschinen betreibt. Ein Fünfter baut die Raffinerie, in der das Dieselöl hergestellt wird, ein Sechster betreibt die Tankerflotte, mit der das Öl transportiert wird, ein Siebter die Fördertürme, und das ist nur der Anfang. Letztlich sind eine Vielzahl von Arbeitsschritten notwendig, damit der Bauer am Ende den Weizen ernten kann und noch einmal so viele Arbeitsprozesse, bis das Brot gebacken und verpackt im Supermarkt liegt.

Im Unterschied zum Tier überlebt der Mensch also letztlich nur durch Arbeitsteilung und hochspezialisierte Arbeit. Und selbst im Supermarkt darf der Mensch die Lebensmittel nicht einfach aus dem Regal nehmen, sondern muss zuvor das dafür benötigte Geld erarbeiten:

> [...] die Arbeit [ist] daher eine von allen Gesellschaftsformen unabhängige Existenzbedingung des Menschen, ewige Naturnotwendigkeit, um den Stoffwechsel zwischen Mensch und Natur, also das menschliche Leben zu vermitteln. [10]

Der Kerngedanke von Marx

Aber, so könnte man einwenden, müssen nicht auch Tiere für ihre Nahrung und ihre Unterkunft arbeiten? Baut nicht auch der Biber Staudämme, um Fische zu fangen? Auch Marx hat sich diese Frage gestellt:

> Zwar produziert auch das Tier. Es baut sich ein Nest, Wohnungen, wie die Biene, Biber, Ameise etc. Allein es produziert nur, was es unmittelbar für sich oder sein Junges bedarf; es produziert einseitig, während der Mensch universell produziert; [11]

Die universelle Produktion des Menschen ist in der Tat beeindruckend. Heutzutage gibt es über 14.000 verschiedene Berufszweige, in denen Menschen für ihren Lebensunterhalt arbeiten. Auch bei Bienen- und Ameisenvölkern gibt es „Arbeiterinnen", „Wächter" und „Königinnen", aber eine derart aufgefächerte Teilung und Spezialisierung der Arbeitsbereiche wie beim Menschen findet man bei keiner Tiergattung.

Die Arbeit

Der Mensch muss also arbeiten, um seine Grundbedürfnisse nach Nahrung, Kleidung und Wohnung zu befriedigen. Wer sich diese einfache Tatsache vor Augen hält, hat den Kerngedanken von Marx bereits verstanden. Denn die Arbeit und somit die Sicherstellung der Grundbedürfnisse ist die Grundlage seiner gesamten materialistischen Philosophie:

> Das praktische Erzeugen der *gegenständlichen Welt*, die *Bearbeitung* der unorganischen Natur ist die Bewährung des Menschen als eines bewussten Gattungswesens [...]. [12]

Laut Marx bewährt und verwirklicht sich der Mensch also im Arbeitsprozess; und dies als Gattungswesen, also immer in Gemeinschaft mit anderen. Tatsächlich arbeitet der Mensch selten allein, sondern meist mit Kollegen, sei es in einem Büro, auf einer Baustelle oder in einer Fabrik. Selbst in Berufen, in denen man scheinbar auf sich allein gestellt ist, bleibt man als Gattungswesen auf andere angewiesen. Auch als einsamer Künstler produziert man im Atelier seine Werke für die anderen, verkauft diese und ersteht vom Erlös Lebensmittel und Kleider. So ist jeder von Kindesbeinen an in die Gesellschaft eingebunden. Marx glaubt sogar, dass das Individuum durch die Erziehung, die Eltern, die Schule und vor allem durch die Art und Weise, wie es arbeitet, tief geprägt wird. Er bezeichnet das einzelne Individuum deshalb auch als die Gesamtheit oder das Ensemble der gesellschaftlichen Verhältnisse:

Das Individuum ist das *gesellschaftliche Wesen* [...]. Das individuelle und das Gattungsleben des Menschen sind nicht *verschieden* [...]. [13]

Die Art und Weise, wie der Mensch in der Gesellschaft arbeitet, spielt für dessen Selbstbewusstsein eine ganz entscheidende Rolle. So fühlt sich beispielsweise ein tibetanischer Mönch, der in einem Kloster seinen Lebensunterhalt mit der Bewirtschaftung von Gemüsebeeten erwirbt, ganz anders, als ein Mitarbeiter eines Stahlwerks, eine Kindergärtnerin, ein Bankmanager, ein Fußballprofi, ein Musiker oder ein Schlachtermeister. Die jeweilige Arbeit prägt uns:

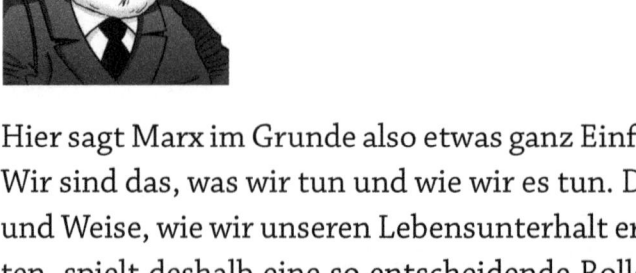

Indem die Menschen ihre Lebensmittel produzieren, produzieren sie indirekt ihr materielles Leben selbst. [...]. Wie die Individuen ihr Leben äußern, so sind sie. [14]

Hier sagt Marx im Grunde also etwas ganz Einfaches. Wir sind das, was wir tun und wie wir es tun. Die Art und Weise, wie wir unseren Lebensunterhalt erarbeiten, spielt deshalb eine so entscheidende Rolle, weil die Arbeit in direkter Weise das Fühlen und Denken der Menschen bestimmt:

Der Kerngedanke von Marx

> Was sie sind, fällt also zusammen mit ihrer Produktion, sowohl damit, *was* sie produzieren, als auch damit, *wie* sie produzieren. [15]

Dabei meint Marx nicht nur die Arbeitsweise des einzelnen Individuums, sondern immer auch die der ganzen Gesellschaft. So hatten beispielsweise die kriegerischen Wikinger, die sich ihren Lebensunterhalt durch gewagte Raubzüge und brutale Überfälle erwarben, ein ganz anderes Selbstgefühl als beispielsweise Bauernvölker, die vom Fleiß und der sorgfältigen Feldarbeit lebten. Marx geht sogar noch einen Schritt weiter. Alles, wirklich alles, was in den Köpfen der Menschen vor sich geht, die innersten Überzeugungen, die Moral und selbst die Religion sind nur Widerspiegelungen der jeweiligen materiellen Produktionsverhältnisse. Alle Ideen sind, wie Marx wörtlich sagt, nur geistiger Überbau zur materiellen Basis.

Basis und Überbau

Die Basis-Überbau Theorie ist in der materialistischen Philosophie von zentraler Bedeutung. Alles „Geistige", also auch das scheinbar freie Denken der Individuen und das „Bewusstsein" mit seinen vielen Plänen und Vorsätzen sind nach Marx nur Reflexe der materiellen Verhältnisse. An dieser Stelle widerspricht er diametral dem großen deutschen Philosophen Hegel, der stets die geistige Entwicklung der Menschheit betonte. Hegel, so Marx, hätte sich an diesem Punkt geirrt. Nicht das Bewusstsein und dessen Entscheidungen prägen unser Leben, sondern umgekehrt, das materielle Leben bestimmt das, was in unserem Kopf stattfindet. Diese materialistische Umkehrung ist der tiefere Sinn der bekannten und oft kolportierten Aussage: Das Sein bestimmt das Bewusstsein. Wörtlich sagt Marx an dieser Stelle:

> Was die Individuen also sind, das hängt ab von den materiellen Bedingungen ihrer Produktion. [...] Nicht das Bewusstsein bestimmt das Leben, sondern das Leben bestimmt das Bewusstsein.[16]

Der Kerngedanke von Marx

So haben menschliche Gesellschaften in der Geschichte unterschiedliche Produktionsformen durchlaufen und infolgedessen unterschiedliche religiöse, künstlerische Strömungen als Überbau hervorgebracht. Die Basis ist aber immer die Produktionsweise:

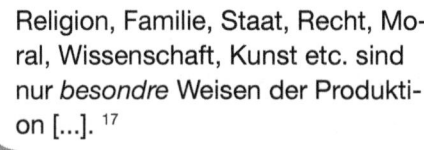

Religion, Familie, Staat, Recht, Moral, Wissenschaft, Kunst etc. sind nur *besondre* Weisen der Produktion [...]. [17]

Nehmen wir das Beispiel der Wikinger, dann kann man gut verstehen, warum auch die Religion für Marx nur eine Folgeerscheinung der gesellschaftlichen Produktion ist. Sogenannte Beutevölker, wie die Wikinger, produzieren den Großteil ihres Lebensunterhaltes mit Überfällen und Raubzügen. Sie verehren in der Regel einen mutigen und aggressiven Kriegsgott als oberste und wichtigste Gottheit, während agrarisch produzierende Völker eher dazu tendieren, Erntedankfeste zu feiern und einen Wettergott zu verehren. Das Anbeten eines Donnergot-

25

tes oder eines Sonnengottes, den man darum bittet, die Ernte nicht verhageln, sondern gut gedeihen zu lassen, ist nach Marx nur der notwendige Überbau zur materiellen Basis eines agrarisch wirtschaftenden Bauernvolkes, dessen Überleben vom Ernteertrag abhängt. Küstenvölker dagegen, die vom Fischfang oder Seehandel leben, verehren wiederum einen Meeres- oder Windgott, Bergleute die heilige Barbara, die Schutzpatronin des Untertagebaus. Sesshafte Völker bauen Tempel auf Anhöhen über ihren Feldern, Nomadenvölker hingegen treiben ihre Herden umher und tragen ihre Gottheit in einer Bundeslade mit sich herum. Immer aber bestimmt die materielle Basis die Zeremonien und Inhalte der Religion.

Kleine Völker können sich Vielgötterei leisten, Großreiche, wie das Römische Reich, benötigen, um nicht durch hundert verschiedene Götterverehrungen zersplittert zu werden, einen einheitlichen Gott, der alle miteinander versöhnt und verbindet. Die Abschaffung der Vielgötterei und die Einführung des Monotheismus durch Kaiser Konstantin war für das riesige römische Reich der notwendige Überbau zur materiellen Basis. Der beste Freund von Marx, Friedrich Engels, bringt die Basis-Überbau-Theorie folgendermaßen auf den Punkt: „[...] so können wir daraus nur den Schluss ziehen, dass die Menschen, bewusst

Der Kerngedanke von Marx

oder unbewusst, ihre sittlichen Anschauungen in letzter Instanz aus den praktischen Verhältnissen schöpfen, [...] in denen sie produzieren und austauschen [...]."[18]

Marx und Engels kritisierten deshalb die rein idealistische Philosophie in Deutschland als unwissenschaftlich und hoben ihre materialistische Philosophie deutlich davon ab:

Ganz im Gegensatz zur deutschen Philosophie, welche vom Himmel auf die Erde herabsteigt, wird hier von der Erde zum Himmel gestiegen. D.h., es wird nicht ausgegangen von dem, was die Menschen sagen, sich einbilden, sich vorstellen [...]. [19]

Fichte, Schelling und Hegel wären einfach nur von ihrer persönlichen Vorstellung von Gott ausgegangen. Dagegen würde der Materialismus die umgekehrte Richtung einschlagen.

> [...] es wird von den wirklich tätigen Menschen ausgegangen und aus ihrem wirklichen Lebensprozess auch die Entwicklung der ideologischen Reflexe und Echos dieses Lebensprozesses dargestellt. [20]

Mit ideologischen Reflexen und Echos meint Marx nicht nur die direkte Spiegelung der Arbeitsverhältnisse in der Religion. Er stellt auch die These auf, dass die jeweiligen Produktionsweisen der Gesellschaft eine entsprechende Ideologie, also ein spezielles Bewusstsein in den Köpfen der Untertanen erzeugen würden, um das Herrschaftssystem zu rechfertigen. So war es beispielsweise im Feudalismus sehr wichtig, dass alle Leibeigenen und besitzlosen Bauern glaubten, Adelige hätten blaues Blut und seien von Gott für die Herrschaft auserwählt worden, so wie

Der Kerngedanke von Marx

Gott sie als Bauern und Knechte an ihren Platz gestellt hätte, um zu dienen. Durch diese Weltanschauung des Gottesgnadentums mussten die jeweiligen Könige und Adeligen nicht rechtfertigen, warum sie von den Abgaben der Bauern lebten ohne selbst zu arbeiten. Ideologie ist nach Marx schlicht und einfach falsches Bewusstsein, insofern der Inhalt des Denkens und Glaubens nicht der gesamten Bevölkerung dient, sondern nur einem kleinen Teil nützt. Im Überbau spiegelt sich nämlich immer nur das Bewusstsein der jeweils herrschenden Klasse wider und nicht das Bewusstsein der Beherrschten:

Religion als Opium fürs Volk

> Der *Mensch macht die Religion*, die Religion macht nicht den Menschen. [22]

Von allen geistigen Ideen des Überbaus kritisiert Marx am meisten die Religion. Denn ihr kommt über die Jahrhunderte hinweg eine besondere Bedeutung zu.

> Die Religion ist die allgemeine Theorie dieser Welt, [...] ihre feierliche Ergänzung, ihr allgemeiner Trost- und Rechtfertigungsgrund [...]. Die Religion ist die illusorische Sonne, die sich um den Menschen bewegt, solange er sich nicht um sich selbst bewegt. [23]

Der Kerngedanke von Marx

Die Religion hat nach Marx insofern eine Trostfunktion für die Menschen, als sie die vielen Leiden, die man im Leben ertragen muss, erklärt und rechtfertigt. Als Entschädigung und Belohnung für alle Ungerechtigkeit und Pein, welche die Menschen im Leben erfahren, wird ihnen von der Religion ein späteres Weiterleben im Paradies versprochen. Marx vergleicht die beruhigende Wirkung der Religion mit der Wirkung von Drogen:

Die Religion ist der Seufzer der bedrängten Kreatur. [...] Sie ist das *Opium* des Volks. [24]

Die Vertröstung des Menschen auf das Paradies im Jenseits mag wirksam sein. Die Religion hat aber einen großen Nachteil, sie steht der Verbesserung des Diesseits im Wege. Deshalb fordert Marx ihre sofortige „Aufhebung":

> Die Aufhebung der Religion als des *illusorischen* Glücks des Volkes ist die Forderung seines *wirklichen* Glücks. [25]

Deshalb müssen wir die Religion kritisieren, wo immer es geht. Denn wenn es uns gelingt sie abzuschaffen, so hofft Marx, werden Kräfte frei, die wirklichen Probleme der Erde anzugehen und zu lösen:

> Die Kritik des Himmels verwandelt sich damit in die Kritik der Erde [...]. [26]

Der Kerngedanke von Marx

Solange Gott von den Menschen als höchstes Wesen angesehen wird, kann jedes Unrecht damit gerechtfertigt werden, dass es eine Prüfung Gottes ist:

> Die Kritik der Religion endet mit der Lehre, dass der *Mensch das höchste Wesen für den Menschen* sei, also mit dem *kategorischen Imperativ, alle Verhältnisse umzuwerfen*, in denen der Mensch ein erniedrigtes, ein geknechtetes, ein verlassenes, ein verächtliches Wesen ist [...]. 27

Und damit hat Marx den Kerngedanken seiner Philosophie ausgesprochen. Es gilt alle materiellen Verhältnisse umzuwerfen, in denen der Mensch ein geknechtetes Wesen ist.

Geschichte als Klassenkampf

Die Geschichte ist für ihn nichts anderes als die Aneinanderreihung verschiedener Phasen der materiellen Produktion. Zu Beginn der Geschichte produzierten die Menschen die Nahrungsmittel noch gemeinsam. Sie lebten in Horden und Stämmen zusammen. Für die Stammesgesellschaft, oder wie Marx und Engels sie nennen, die Gentilgesellschaft, geht es vor allem um das Überleben des Stammes. „Die Produktion aller früheren Gesellschaftsstufen war wesentlich eine gemeinsame, wie auch die Konsumption unter direkter Verteilung der Produkte innerhalb größerer oder kleinerer kommunistischer Gemeinwesen vor sich ging." [28]

So gingen beispielsweise die nordamerikanischen Indianer gemeinsam auf Büffeljagd und teilten hinterher das Fleisch unter allen Stammesmitgliedern auf. Die frühen Stammesgesellschaften waren noch klassenlose Urgesellschaften, in denen es kein Eigentum, keine Kapitalisten und keine Besitzlosen gab. Alles gehörte allen. Das Ansammeln von Eigentum hätte auch gar keinen Sinn gehabt. Wenn beispielsweise der Indianerstamm das Zeltlager abgebaut hatte, um der Büffelherde zu folgen, dann konnte man ohnehin nur das mitnehmen, was man zu tragen in der Lage war. Die Ansammlung von Luxus über ein paar Teller und Schalen hinaus war sinnlos. Auch gab es noch keine Arbeitsteilung und kein Geld. So war jeder Indianer in der Lage, alles, was er brauchte, vom Pfeil und Bogen bis zu den Zeltstangen, selbst herzustellen. Engels beschreibt die Reproduktion der frühen Gentilgesellschaft als uneigennützig und gesund: „[...] und solange die Produktion auf dieser Grundlage betrieben wird, kann sie den Produzenten nicht über den Kopf wachsen, keine gespenstischen fremden Mächte ihm gegenüber erzeugen, wie dies in der Zivilisation regelmäßig unvermeidbar der Fall ist." [29]

Marx und Engels konkretisieren den klassenlosen Urzustand kaum, verweisen jedoch darauf, dass die Gentil- beziehungsweise Stammesgesellschaft zur materiellen Reproduktion kein Eigentum benötigte. Tatsächlich waren bei frühen Stammeskulturen Eigentumsverhältnisse noch nicht ausgeprägt. Wir wissen aus den Beschreibungen des römischen Geschichtsschreibers Tacitus, dass bei den germanischen Stämmen im Jahreswechsel jeweils die eine Hälfte der Männer in den Krieg zog, während die andere Hälfte mit den Frauen gemeinsam die Felder bewirtschaftete.

Erst mit der voranschreitenden Landwirtschaft und dem Übergang vom Nomadentum zur Sesshaftigkeit bildeten sich nach Marx die ersten Eigentums- und Sklavenhaltergesellschaften. Marx und Engels unterscheiden dabei asiatische und europäische Sklavenhaltergesellschaften, also die persische und die römische Despotie. Ab jetzt ist die gesamte weitere Entwicklung geprägt von Konflikten zwischen herrschenden und beherrschten Gruppen, den sogenannten „Klassen".

Die Geschichte aller bisherigen Gesellschaft ist die Geschichte von Klassenkämpfen. [30]

Dabei ist der Konflikt zwischen den Klassen der Motor, der die Geschichte vorantreibt.

> Freier und Sklave, Patrizier und Plebejer, Baron und Leibeigener, Zunftbürger und Gesell, kurz, Unterdrücker und Unterdrückte standen in stetem Gegensatz zueinander, führten [...] einen Kampf, der jedes Mal mit einer revolutionären Umgestaltung der ganzen Gesellschaft endete [...]. [31]

Der Sklavenhaltergesellschaft folgte die Feudalgesellschaft, die ebenfalls von einem Konflikt geprägt war. So lebten letztendlich alle Adeligen und auch der König von dem, was die lehensabhängigen Bauern, die Handwerker, Händler und Bürger produzierten. Für Adelige war es nicht standesgemäß, selbst zu arbeiten. Vornehme Adelige schützen sich sogar mit Sonnenschirmen, um sich von den braun gebrannten Feldarbeitern abzuheben. Auch kaufmännische Tätigkeiten lehnte der Adel als nicht standesgemäß ab. Aber gerade dadurch, dass der Adel das Gewerbe, den Handel und das Kreditwesen anderen überließ, erzeugte er eine neue selbstbewusste Klasse, das Bürgertum oder wie Marx sagt, die „Bourgoisie". Während die Adeligen sich weiter darauf beschränkten, ihre Ländereien zu verwalten und von Bauern Abgaben und Dienste zu verlangen, gründeten die Bürger in den Städten Handwerksbetriebe, Manufakturen und erste Fabriken. Das Bürgertum erwirtschaftete auf einem Bruchteil des Grund und Bodens bald sehr viel höhere Renditen, als die Adeligen auf ihren riesigen Landgütern. Bald hatten die Adeligen in ganz Europa Schulden bei Kaufleuten, Fabrikanten und Handelskontoren. Um so ärmer der Adel wurde und sich beim Bürgertum verschuldete, um so reicher wurde das Bürgertum und forderte nun auch die politische Macht, bis es in ganz Europa zu bürgerlichen Revolutionen kam und der Feudalismus mitsamt seinem Überbau unterging.

Aber genau so, wie der Adel durch seine Weigerung, Gewerbe und Handel zu treiben, das Bürgertum erst stark gemacht hat, erzeugte auch die neue herrschende Klasse, das Bürgertum, wieder seine eigene Ablösung, oder wie Marx sagt, seine dialektische Negation. Dialektik bedeutet in diesem Zusammenhag nur, dass die herrschende Klasse eine unterdrückte Klasse hervorbringt, was zum Klassenkampf führt, aus dem

Der Kerngedanke von Marx

wieder eine neue Gesellschaftsform hervorgeht.

Mit der Zerstörung der Feudalgesellschaft und der Machtübernahme durch das Bürgertum, beziehungsweise durch die Bourgoisie, kommt es zu einer enormen Steigerung der materiellen Produktion:

> Die Bourgeoisie hat in ihrer kaum hundertjährigen Klassenherrschaft massenhaftere und kolossalere Produktionskräfte geschaffen, als alle vergangenen Generationen zusammen. [32]

Der Globalisierungsprozess setzt ein und lässt sich nach Marx nicht mehr stoppen:

> An Stelle der alten lokalen und nationalen Selbstgenügsamkeit und Abgeschlossenheit tritt ein allseitiger Verkehr, eine allseitige Abhängigkeit der Nationen voneinander. [33]

Anders als bei den Gentil-, Sklavenhalter- und Feudalgesellschaften, die noch rein landwirtschaftlich produziert hatten, wird jetzt industriell produziert. Und diese neue Produktionsweise verändert die Welt auf dramatische Weise:

> Unterjochung der Naturkräfte, Maschinerie, Anwendung der Chemie auf Industrie und Ackerbau, Dampfschifffahrt, Eisenbahnen, elektrische Telegrafen, Urbarmachung ganzer Weltteile, Schiffbarmachung der Flüsse, ganze aus dem Boden hervorgestampfte Bevölkerungen – welch früheres Jahrhundert ahnte, dass solche Produktionskräfte im Schoße der gesellschaftlichen Arbeit schlummerten. [34]

Der Kerngedanke von Marx

Allerdings, so Marx, wird diese enorme Produktionsleistung und der daraus resultierende Wohlstand nicht auf alle Mitglieder der Gesellschaft verteilt. Im Gegenteil, die Bourgoisie, also das Großbürgertum, besitzt alle Produktionsmittel von den Maschinen bis zu den großen Warenhäusern, in denen die Produkte verkauft werden. Die Arbeiter und Lohnabhängigen besitzen dagegen nichts als ihre Arbeitskraft. So stehen sich nach Marx am Ende wieder zwei Klassen feindlich gegenüber, die „Bourgoisie" und die „Proletarier".

> Aber die kapitalistische Produktion erzeugt mit der Notwendigkeit eines Naturprozesses ihre eigene Negation. Es ist Negation der Negation. [35]

Da das Bürgertum der Gegenspieler, beziehungsweise wie Marx sagt, die Negation des Adels ist, ist das Proletariat gegenüber dem Bürgertum folgerichtig die „Negation der Negation". Denn wieder erzeugt die herrschende Klasse mit den zunehmend unterbezahlten Arbeitern ihre eigenen Gegenspieler. Im berühmt gewordenen kommunistischen Manifest fordern Marx und Engels die Arbeiter auf, die Macht zu übernehmen:

> Die Proletarier haben nichts […] zu verlieren als ihre Ketten. Sie haben eine Welt zu gewinnen. Proletarier aller Länder vereinigt euch! [36]

Nach der Revolution kommt es dann, so Marx, zur finalen Auflösung aller Klassengegensätze, da die Proletarier, wenn sie erst einmal gemeinschaftlich über die Produktionsmittel verfügen, sich als Klasse selbst auflösen.

Dieses Geschichtsmodell von Marx ist im Grunde sehr einfach. Am Anfang gab es die klassenlose kommunistische Urgesellschaft, denn die frühen Stammesgesellschaften haben noch gemeinsam gejagt und die Felder bebaut. Es gab keinerlei Eigentum. Durch die Arbeitsteilung und Entwicklung der Technik entstanden dann mit der antiken Sklavenhaltergesellschaft über die Feudalgesellschaft bis zur bürgerlichen Gesellschaft eine Reihe von entfremdeten Eigentumsgesellschaften, an deren Ende mit der kommunistischen Revolution das Privateigentum wieder abgeschafft und der ursprüngliche klassenlose Zustand wiederhergestellt wird.

Die Einheit von Individuum und Gesellschaft, die Versöhnung der Klassen ist also das Endziel der Geschichte. Und diese Aufgabe fällt nach Marx und Engels der Arbeiterklasse zu, die auf dem Höhepunkt der kapitalistischen Expansion die Macht übernimmt und eine gerechte Gesellschaft errichtet, in der keiner mehr des anderen Sklave ist. Dies geschieht aber nicht, weil die Arbeiter plötzlich die Idee haben, eine Revolution zu machen. Das wäre wieder nur idealistische Geistphilosophie. Nein, laut Marx geraten die materiellen Produktionsverhältnisse selbst zueinander in Widerspruch und lassen den Kapitalismus wie ein Kartenhaus zusammenstürzen. Wie die Kräfte des Kapitalismus zueinander in Widerspruch kommen können, zeigt Marx in seinem legendären Hauptwerk „Das Kapital". Dessen nach wie vor aktueller Kern sind die Mehrwert- Akkumulations-, Konzentrations- und Verelendungstheorien.

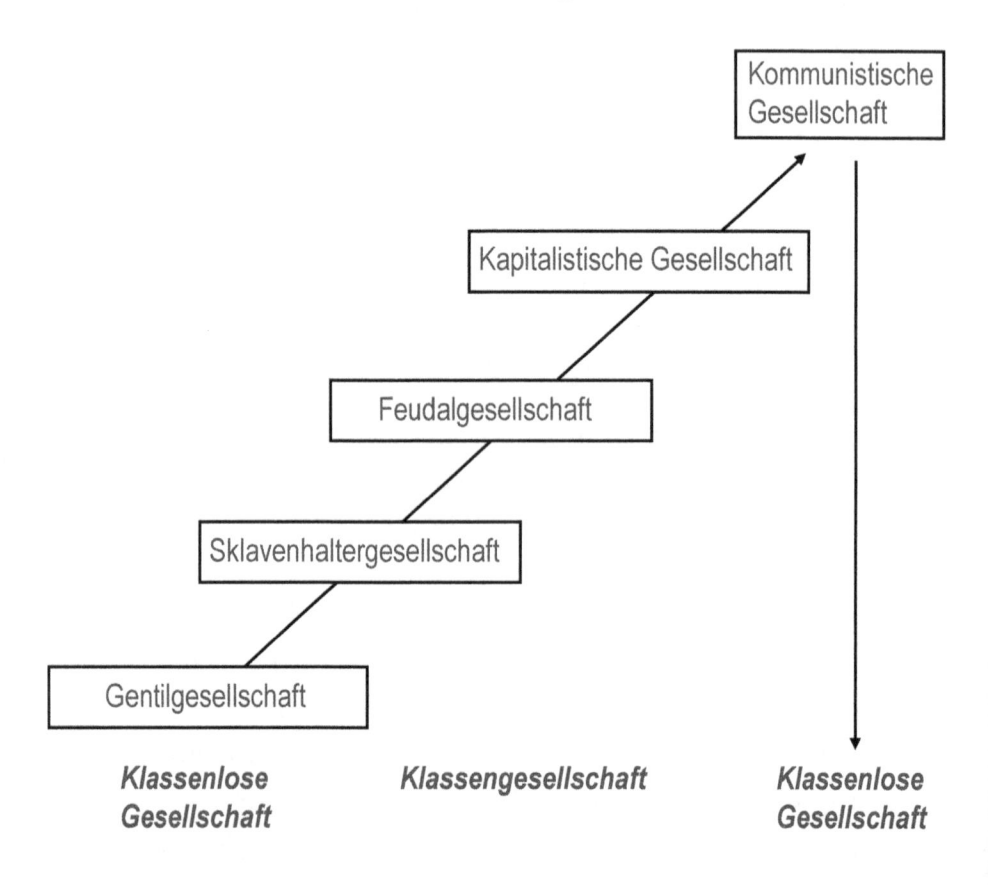

```
                                          ┌──────────────┐
                                          │ Kommunistische│
                                          │ Gesellschaft │
                                          └──────────────┘
                          ┌──────────────────────────┐
                          │ Kapitalistische Gesellschaft │
                          └──────────────────────────┘
                ┌──────────────────┐
                │ Feudalgesellschaft │
                └──────────────────┘
        ┌──────────────────────────┐
        │ Sklavenhaltergesellschaft │
        └──────────────────────────┘
┌──────────────────┐
│ Gentilgesellschaft │
└──────────────────┘
```

Klassenlose   *Klassengesellschaft*   *Klassenlose*
Gesellschaft   *Gesellschaft*

Die Theorie vom Mehrwert

Der Kapitalist zahlt dem Arbeiter nicht das, was dieser für ihn erwirtschaftet, sondern erheblich weniger. Den „Mehrwert" der geleisteten Arbeit behält er ein. Marx bringt dafür Beispiele von Fabriken, in denen die Arbeiter mit Lebensmitteln entlohnt werden und gerade so viele Lebensmittel bekommen, dass sie sich und ihre Familien ernähren können. Alles darüber hinaus von den Arbeitern erwirtschaftete Geld, das beim Verkauf der Waren eingenommen wird, behält der Kapitalist:

> Der Arbeiter erhält im Austausch gegen seine Arbeit Lebensmittel, aber der Kapitalist erhält im Austausch gegen seine Lebensmittel Arbeit, [...] wodurch der Arbeiter nicht nur ersetzt, was er verzehrt, sondern der aufgehäuften Arbeit einen größeren Wert gibt, als sie vorher besaß. [37]

Angenommen ein Arbeiter produziert am Tag 12 Stunden lang in einer Baumwollfabrik Stoffe für Hemden und Hosen mit einem Endverkaufswert von 1000 Euro. Der Unternehmer bezahlt ihm für die 12 geleisteten Arbeitsstunden aber nur 60 Euro. Die Abzahlung der gekauften Fabrikhalle, der Maschinen und die Bezahlung des Pförtners, des Buchhalters, der Putzkolonne und des Einkaufs der Rohbaumwolle kostet den Unternehmer noch mal pro Tag und Arbeiter anteilig 30 Euro. So bleibt dem Kapitalisten gegenüber dem ausbezahlten Arbeitslohn von 60 Euro ein Mehrwert von 910 €. Das Kapital des Unternehmers nimmt schnell zu. Deshalb stellt Marx die rhetorische Frage:

> Ein Arbeiter in einer Baumwollfabrik, produziert er nur Baumwollstoffe? Nein, er produziert Kapital. [38]

Indem der Arbeiter seine bloße Arbeitskraft verkauft, verliert er den Anspruch auf das Produkt, das er mit seiner Arbeit herstellt. Auch wenn dieses Produkt am Ende einen extrem hohen Gebrauchswert hat und einen entsprechend guten Marktwert erzielt, bekommt er für seine Arbeitskraft nur den vorher vereinbarten Zeitwert als Stundenlohn.

> *Der Arbeitslohn ist also nicht ein Anteil des Arbeiters an der von ihm produzierten Ware.* [39]

Im Gegenteil, der Stundenlohn ist meist viel geringer als der Wert, den der Arbeiter in dieser Stunde wirklich erzeugt. Den hohen Verkaufspreis der fertigen Ware, der eigentlich durch die Tätigkeit des Arbeiters bewirkt wird, schöpft allein der Unternehmer ab. Denn dieser macht für einen Tag oder länger „Gebrauch" von der Arbeitskraft des Arbeiters und verleibt dessen Arbeitskraft dem leblosen Produkt ein. Den Mehrwert behält der Unternehmer für sich und wird dadurch immer wohlhabender.

Akkumulation und Konzentration

Der erwirtschaftete Mehrwert wird wieder investiert und führt zu noch größerer Produktion von Mehrwert. Kapital schafft deshalb automatisch noch größeres Kapital.

> Produktion von Mehrwert oder Plusmacherei sind das absolute Gesetz dieser Produktionsweise. [40]

Ist dieser Prozess erst einmal im Gang, kann er nicht mehr gestoppt werden. Jedes Unternehmen muss weiter wachsen, seine Produktion steigern und neue Märkte erschließen. Würde ein Unternehmen in selbst auferlegter Bescheidenheit darauf verzichten, liefe es Gefahr, von größeren Unternehmen aus dem Markt verdrängt zu werden. Deshalb ist jedes Unternehmen gezwungen, seine Kapitalkraft zu vermehren, indem es den Gewinn wieder investiert und noch größere Gewinne generiert.

Sobald aber alle möglichen Verkaufsgebiete erschlossen und die Märkte gesättigt sind, kann sich ein Kapitalist nur noch vergrößern, indem er die Produktionsanlagen eines anderen übernimmt, aufkauft, schluckt oder vernichtet. Dies muss er tun, da er sonst Gefahr läuft, selbst geschluckt zu werden. Wer nicht expandiert, wird eliminiert. Deshalb, so Marx, muss jeder Kapitalist versuchen, seine Konkurrenten im Wettbewerb zu besiegen und vom Markt zu verdrängen. In diesem unerbittlichen Konkurrenzkampf setzt der Kapitalist ein bewährte Waffe ein:

> Der Konkurrenzkampf wird durch Verwohlfeilerung [Verbilligung] der Waren geführt. [41]

Ein Kapitalist, der den Markt für Schraubenzieher monopolisieren will, muss seine Schraubenzieher nur eine Zeit lang erheblich billiger anbieten als die Konkurrenz. Wenn es ihm gelingt, über einen längeren Zeitraum einen anderen Hersteller preislich klar zu unterbieten, wird dieser seine vergleichsweise teuren Produkte am Markt nicht mehr verkaufen können.

Er muss über kurz oder lang seine Produktion einstellen oder an den größeren Kapitalisten verkaufen. Entscheidend für das Überleben im kapitalistischen Wettbewerb ist daher der Preis oder, wie Marx sagt, die Wohlfeilheit oder Billigkeit der Ware:

> Die Wohlfeilheit [Billigkeit] der Waren hängt [...] von der Produktivität der Arbeit, diese aber von der Stufenleiter der Produktion ab. Die größeren Kapitale schlagen daher die kleineren. [42]

Der Konzentrationsprozess und der Akkumulationsprozess sind eng miteinander verbunden. Der Kapitalstärkere, der über die größere Akkumulationsrate verfügt, kann auf lange Sicht erheblich mehr Kapital ansammeln und mit diesem Kapital durch Dumpingpreise den Konkurrenten in die Knie zwingen. Er hat sozusagen den längeren Atem und kann sich leisten, einige Zeit selbst Verluste machen, wenn es ihm dadurch gelingt, einen unliebsamen Konkurrenten in den Untergang zu treiben:

> Die Konkurrenz [...] endet stets mit Untergang vieler kleiner Kapitalisten, deren Kapitale teils in die Hand des Siegers übergehn, teils untergehn. [43]

Sobald aber ein Unternehmer für ein Produkt eine marktbeherrschende Position erreicht hat und beispielsweise einer der wenigen oder gar der einzige Energielieferant ist, kann er für den Strom verlangen, was er will, da niemand mit ihm konkurriert. Millionen Verbraucher sind dann auf den einzig übrig gebliebenen Produzenten angewiesen. Im nächsten Schritt versucht der Monopolist mit seinem jetzt noch rascher akkumulierenden Kapital zusätzliche Geschäftszweige zu erschließen und weitere Märkte zu monopolisieren. Dabei erzeugt die kapitalistische Produktion ein neues Kraftfeld, von dem die ganze Gesellschaft auf Gedeih und Verderb abhängig wird, das Banken- und Kreditwesen:

> [...] mit der kapitalistischen Produktion [bildet sich] eine ganz neue Macht, das Kreditwesen, das in den Anfängen verstohlen, als bescheidene Beihilfe der Akkumulation, sich einschleicht, durch unsichtbare Fäden die über die Oberfläche der Gesellschaft in größeren oder kleineren Massen zersplitterten Geldmittel in die Hände individueller und assoziierter Kapitalisten zieht [...] und sich schließlich in einen ungeheuren sozialen Mechanismus zur Zentralisierung der Kapitale verwandelt. [44]

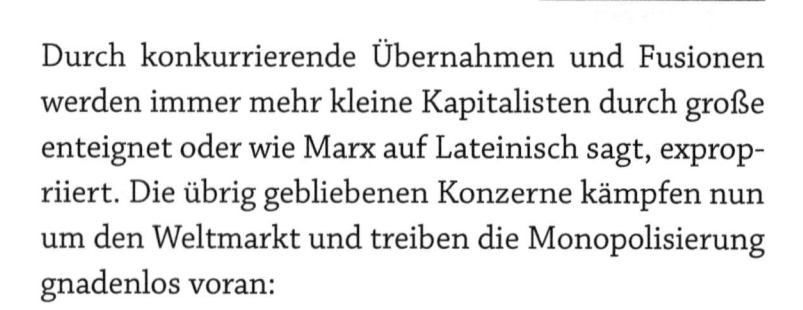

Durch konkurrierende Übernahmen und Fusionen werden immer mehr kleine Kapitalisten durch große enteignet oder wie Marx auf Lateinisch sagt, expropriiert. Die übrig gebliebenen Konzerne kämpfen nun um den Weltmarkt und treiben die Monopolisierung gnadenlos voran:

Der Kerngedanke von Marx

> Je ein Kapitalist schlägt viele tot. Hand in Hand mit dieser Zentralisation und Expropriation vieler Kapitalisten durch wenige entwickelt sich [...] die bewusste technische

> Anwendung der Wissenschaft, die planmäßige Ausbeutung der Erde, [...] die Verschlingung aller Völker in das Netz des Weltmarkts und damit der internationale Charakter des kapitalistischen Regimes.[45]

Verelendung und Revolution

Die Verelendung ist die direkte Folge der Kapitalakkumulation und Konzentration. Indem nämlich wenige global operierende Unternehmen immer mehr Kapital auf sich vereinen, also im Grunde immer reicher werden, fehlt das Geld an anderer Stelle. Am Ende häufen Konzerne ungeheuer viel Kapital in einer Hand an, während die Arbeiter, Bürger und Konsumenten zunehmend mit leeren Händen dastehen.

> Das Kapital kann hier zu gewaltigen Massen in einer Hand anwachsen, weil es dort in vielen einzelnen Händen entzogen wird.[46]

Solange es noch viele kleine Unternehmer gibt, funktioniert der Markt gut, sobald aber durch den Konzentrationsprozesses nur noch wenige Konzerne die gesamte Güterproduktion an sich reißen, gerät alles aus dem Gleichgewicht und die Verelendung beginnt:

Der Kerngedanke von Marx

> Mit der beständig abnehmenden Zahl der Kapitalmagnaten [...] wächst die Masse des Elends, des Drucks, der Knechtschaft, der Entartung, der Ausbeutung, aber auch die Empörung der stets anschwellenden [...] Arbeiterklasse. [47]

Dabei trifft den einzelnen Unternehmer keine moralische Schuld für die Verarmung der Arbeiter. Er folgt ja nur den marktwirtschaftlichen Regeln der Konkurrenz, er denkt zwangsweise betriebswirtschaftlich. Um nicht von einem anderen Unternehmen im Preiskampf unterboten und in den Konkurs getrieben zu werden, versucht er die Kosten zu senken und die Profitrate zu erhöhen. Er zahlt also den geringst möglichen Lohn, verlagert die Produktion ins Ausland, automatisiert seine Fabriken und spart an Verwaltungskräften. Durch diese Maßnahmen muss er erheblich weniger Gehälter zahlen und kann preiswerter produzieren. Die Folge ist aber eine nochmals sinkende Kaufkraft bei den Arbeitern und Angestellten, die der Unternehmer durch Maschinen ersetzt und in die Arbeitslosigkeit treibt. Da nicht nur er allein, sondern auch Unternehmer in anderen Produktionszweigen in dieser Weise handeln, werden immer mehr Arbeiter zu Billiglöhnen beschäftigt oder entlassen. Die verarmenden Arbeiter können nun aber ihrerseits keine Waren mehr kaufen und konsumieren, wodurch erneut der Gewinn der produzierenden Unternehmer sinkt. Diese verhängen Kurzarbeit oder entlassen noch mehr Arbeiter. Die Abwärtsspirale dreht sich eine Runde weiter. Die Verelendung wird immer dramatischer. In den Lagerhallen stapeln sich die Waren, während vor den Toren der Fabriken immer mehr Arbeitslose auf Beschäftigung warten:

> Je größer der gesellschaftliche Reichtum, das funktionierende Kapital, Umfang und Energie seines Wachstums [...] desto größer die industrielle Reservearmee. [48]

Um diesen volkswirtschaftlichen Teufelskreis aus mangelnder Kaufkraft und rückläufiger Produktion zu durchbrechen, müssten die Unternehmer den Arbeitern gemeinsam auf einen Schlag freiwillig höhere Löhne zahlen, so dass diese wieder etwas kaufen könnten.

Das würden die Unternehmer aber niemals tun. Sie sind ja Unternehmer und denken betriebswirtschaftlich und nicht volkswirtschaftlich. Also entlassen sie bei sinkenden Umsätzen noch mehr Arbeiter und die Krise schaukelt sich weltweit auf. Die Konjunktur bricht zusammen und es kommt zu Rezession und Massenarbeitslosigkeit. Irgendwann wird fast gar nichts mehr verkauft. Der Kapitalismus versinkt, nach Marx, dann durch seinen eigenen Rationalisierungsdruck so tief in die Rezession, dass bald die ersten Firmen ganz schließen und sämtliche Arbeiter entlassen.

Am Ende steht eine nicht gebrauchte Armee von Arbeitslosen vor verschlossenen Werkstoren, hinter denen sich technisch hochentwickelte, einsatzbereite Produktionsanlagen befinden, die aber keiner mehr betreibt. Die Warenlager sind übervoll mit schönen Produkten, aber niemand kann sie mehr kaufen. Das ist, nach Marx, der Zeitpunkt der Revolution:

> Auf einer gewissen Stufe ihrer Entwicklung geraten die materiellen Produktivkräfte der Gesellschaft in Widerspruch mit den vorhandenen Produktionsverhältnissen [...]. [49]

Mit „materiellen Produktivkräften" meint Marx die Arbeiter und Unternehmer, mit den „vorhandenen Produktionsverhältnissen" meint er die Maschinen, die Fabriken, die Art und Weise, wie produziert wird. Der Widerspruch besteht ganz einfach darin, dass in der Weltwirtschaftskrise eine große Zahl von Arbeitslosen ohne jede Kaufkraft wenigen Unternehmern mit technisch gut ausgebauten Unternehmen und Firmen gegenüberstehen, ohne dass die Arbeiter noch etwas kaufen oder die Unternehmer noch etwas produzieren können. Wenn sich das System solchermaßen selbst lahmgelegt hat, übernehmen die Arbeiter in einem revolutionären Akt die Produktionsanlagen. Sie enteignen die Monopolkapitalisten, die sich zuvor alle anderen kleineren Kapitalisten einverleibt haben. Die Enteigner, die sogenannten „Expropriateurs", werden nun selbst enteignet oder wie Marx es formuliert:

> Die Zentralisation der Produktionsmittel und die Vergesellschaftung der Arbeit erreichen einen Punkt, wo sie unverträglich werden mit ihrer kapitalistischen Hülle. Sie wird gesprengt. [...] Die Expropriateurs werden expropriiert. [50]

Wichtig ist an dieser Stelle, dass es aufgrund des materiellen Widerspruchs zur Revolution kommt und nicht weil ein Arbeiter oder Marx selbst die Idee zu einer Revolution hatten. Der Kapitalismus schafft sich in gewisser Weise selbst ab, indem er sich in materielle Widersprüche verwickelt. Auch der darauf folgende Kommunismus ist nur das materielle Ergebnis dieser historischen Entwicklung. Darauf legen Marx und Engels großen Wert:

> Der Kommunismus ist für uns nicht ein *Zustand*, der hergestellt werden soll, ein *Ideal*, wonach die Wirklichkeit sich zu richten haben [wird]. [51]

Der Kommunismus ist vielmehr eine materielle Bewegung, die aus den realen Widersprüchen des Kapitalismus hervorgeht. Marx und Engels sind Materialisten. Deshalb betonen sie immer wieder, dass die Revolution nicht Folge einer Idee sein kann und schon gar nicht Folge ihrer eigenen Philosophie, sondern einzig und allein aus der materiellen Entwicklung hervorgeht:

> Die theoretischen Sätze der Kommunisten beruhen keineswegs auf Ideen [...]. Sie sind nur allgemeine Ausdrücke tatsächlicher Verhältnisse eines existierenden Klassenkampfes [...]. [52]

Der Kerngedanke von Marx

Diese tatsächlichen Verhältnisse der Arbeiter waren in vielen Staaten zweifellos menschenunwürdig und provozierten den Kampf um bessere Lebensbedingungen. Die Arbeitersiedlungen hatten weder Licht noch Kanalisation. Wählen durften nur wohlhabende Bürger, die sogenannte „Bourgoisie". Der deutsche Arbeiterführer und Sozialdemokrat Lassalle forderte deshalb das allgemeine Wahlrecht. Er hoffte, dass die Arbeiter, wenn sie erst mal ihre eigenen Abgeordneten ins Parlament entsandt hätten, den Arbeitstag per Gesetz verkürzen und weitere Rechte erkämpfen könnten. Marx glaubte hingegen weniger an eine friedliche Machtübernahme der Arbeiterklasse.

> [...] die materielle Gewalt muss gestürzt werden durch materielle Gewalt[...]. [53]

Aus diesem Grund zerstritt sich Marx mit dem sozialdemokratischen Arbeiterführer Lassalle. Dieser würde die Übernahme der Produktionsmittel durch die Arbeiter nur verzögern, indem er sich mit kleinen Zugeständnissen der Unternehmer und der Regierung abspeisen lasse. Marx glaubte hingegen, dass eine Revolution notwendig sei:

> [...] dass sowohl zur massenhaften Erzeugung dieses kommunistischen Bewusstseins wie zur Durchsetzung der Sache selbst eine massenhafte Veränderung der Menschen nötig ist, die nur in einer praktischen Bewegung, in einer *Revolution* vor sich gehen kann; [54]

Absterben des Staates

Auch waren Marx und Engels davon überzeugt, dass der ganze Überbau, also zum Beispiel die Rechtsordnung, wonach Arbeiter kein Wahlrecht haben, nur gekippt werden könne, wenn man zuvor einen grundlegenden Einschnitt vornehmen würde:

> [...] dass also die Revolution nicht nur nötig ist, weil die *herrschende* Klasse auf keine andere Weise gestürzt werden kann, sondern auch weil die *stürzende* Klasse nur in einer Revolution dahin kommen kann, sich den ganzen alten Dreck vom Halse zu schaffen, und zu einer neuen Begründung der Gesellschaft befähigt zu werden. [55]

An anderer Stelle spricht Marx aber anstatt von einer großen Revolution von einer „Epoche sozialer Revolutionen", was auf einen räumlich und zeitlich differenzierteren Umwälzungsprozess hindeutet:

> Es tritt dann eine Epoche sozialer Revolution ein. Mit der Veränderung der ökonomischen Grundlage wälzt sich der ganze ungeheure Überbau langsamer oder rascher um. [56]

In der Übergangsphase der Revolution kann es, so Marx und Engels, kurzzeitig zur „Diktatur des Proletariats" kommen, aber nur so lange, bis alle Maschinen, Fabriken und landwirtschaftlichen Betriebe in Allgemeinbesitz überführt sind. Das bürgerliche Privateigentum wird abgeschafft. Alle Menschen arbeiten jetzt in volkseigenen Betrieben. Sobald der Umwandlungsprozess abgeschlossen ist, ist der Zwang, den das Proletariat in der Umbruchphase ausüben muss, nicht mehr nötig. Die klassische Regierung mit ihrer Herrschaftsgewalt über Menschen wird nach und nach durch die bloße Verwaltung der gemeinsamen kommunistischen Produktionsstätten ersetzt. Der Staat als Instrument der herrschenden Klasse stirbt von selbst ab und wird durch einen gleichberechtigten Zusammenschluss aller Menschen ersetzt, durch eine sogenannte „Assoziation":

> An die Stelle der alten bürgerlichen Gesellschaft mit ihren Klassen und Klassengegensätzen tritt eine Assoziation, worin die freie Entwicklung eines jeden die Bedingung für die freie Entwicklung aller ist. [57]

Genauer und konkreter hat sich Marx leider nicht geäußert. Er selbst hat die kommunistischen Revolutionen im 20. Jahrhundert nicht mehr miterlebt. Es wird daher bis heute diskutiert, ob er mit der Verwirklichung des Kommunismus in der Sowjetunion, der DDR und den anderen assoziierten Staaten zufrieden gewesen wäre. Fest steht, dass sich alle kommunistischen Staaten in der Praxis schwer getan haben, den Staat als Instrument der Herrschaftsausübung ganz abzuschaffen oder wie Marx gefordert hatte, absterben zu lassen. Oft gab es gerade in den kommunistischen Staaten sehr große und rigide Verwaltungsapparate, die nicht selten ein neues Herrschaftssystem mit Geheimdiensten und Privilegien für ihre Funktionäre errichteten. Die Frage, wie sich Marx selbst „die freie Entwicklung" der Menschheit in der neuartigen gesellschaftlichen „Assoziation" vorgestellt hat, lässt sich nicht abschließend beantworten. Man kann aber davon ausgehen, dass ein kritischer Geist und Humanist wie Marx, die rigide und zum Teil brutale Umsetzung des Kommunismus im Gefolge der russischen Oktoberrevolution nicht für gut befunden hätte.

Entfremdung

Ein bis heute hoch aktueller Gedanke von Marx ist seine Kritik an der Entfremdung der Arbeit in der kapitalistischen Industriegesellschaft.

Mit Entfremdung meint er etwas ganz Einfaches: Die Dinge, die wir in der Arbeit herstellen, werden uns fremd, ja, sogar die Art und Weise, wie wir sie herstellen, ist unnatürlich. Wenn beispielsweise ein Arbeiter in einer Kondensatoren-Fabrik den ganzen Tag am Fließband steht und immer nur dieselben zwei Handgriffe macht, aber niemals das fertige Produkt sieht, und unter Umständen nicht einmal weiß, was mit den hergestellten Kondensatoren später passiert, dann hat er jeden Bezug zu seiner Arbeit und seinem eigenen schöpferischen Tun verloren.

Tatsächlich verkauft er nur noch seine Arbeitskraft, während das fertige Produkt ihm völlig „fremd" bleibt. Nur der Unternehmer beziehungsweise der Kapitalist weiß noch, an wen er die Kondensatoren weiter verkauft und in welche Radiogeräte sie am Ende eingebaut werden.

Die Entfremdung ist für Marx und Engels ein spezifisch modernes Problem. Die Menschen der Frühzeit, egal ob Jäger, Sammler oder Bauern, hatten dieses

Problem noch nicht: „Sie wissen, was aus dem Produkt wird", denn, so schreibt Engels: „Sie verzehren es, es verlässt ihre Hände nicht; und solange die Produktion auf dieser Grundlage betrieben wird, kann sie dem Produzenten nicht über den Kopf wachsen, keine gespenstischen fremden Mächte ihnen gegenüber erzeugen, wie dies in der Zivilisation regelmäßig und unvermeidlich der Fall ist." [58]

Auch im Mittelalter gab es noch unentfremdete Arbeit, in der man sich mit seinem Produkt identifizieren konnte. So hat beispielsweise ein Sattler in Handarbeit den gesamten Sattel hergestellt, mit Ornamenten und seinen persönlichen Initialen verziert und dann stolz dem Kunden übergeben. Dabei bestimmte er den Preis für seine Mühen selbst. Die Arbeit, also seine Sättel, waren ein Teil von ihm, ein Teil seines Lebens, seiner Selbstverwirklichung. Er war stolz auf sie.

Der moderne lohnabhängige Arbeiter und Angestellte, ob er nun am Computer Datensätze bearbeitet oder am Montageband steht, hat keinerlei Einfluss mehr auf das fertige Produkt. Es gehört ihm nicht. Dadurch erscheint ihm seine Arbeit als etwas Fremdartiges und Lästiges:

Der Kerngedanke von Marx

> Ihre Fremdheit tritt darin rein hervor, dass, sobald kein physischer oder sonstiger Zwang existiert, die Arbeit als eine Pest geflohen wird. [59]

Dadurch kommt es beim modernen Menschen oft zu einer Art Persönlichkeitsspaltung. Er verwirklicht sich nicht mehr in der Arbeit, sondern nur noch in der Freizeit und versucht, im Urlaub wieder aufzuleben.

> Der Arbeiter fühlt sich daher erst außer der Arbeit bei sich und in der Arbeit außer sich.[...]. Seine Arbeit ist daher nicht freiwillig, sondern gezwungen, *Zwangsarbeit*. [60]

Die Aufhebung der Entfremdung

Diese Ausführungen von Marx sind zwar bereits über einhundertfünfzig Jahre alt, aber leider immer noch aktuell. Auch heute leben viele Menschen nur von Urlaub zu Urlaub und fühlen sich im Arbeitsprozess wie verwaltete Ameisen, die tagein tagaus ihre Lebenszeit verkaufen. Umso spannender ist die Lösung, die uns Marx und Engels vorschlagen: Will man wieder unentfremdet und natürlich leben, gibt es nur eine Möglichkeit: „Die alte Produktionsweise muss also von Grund auf umgewälzt werden, und namentlich muss die alte Teilung der Arbeit verschwinden. An ihre Stelle muss eine Organisation der Produktion treten, in der einerseits kein einzelner seinen Anteil an der produktiven Arbeit [...] auf andere abwälzen kann; in der andererseits die produktive Arbeit statt Mittel der Knechtung, Mittel der Befreiung der Menschen wird [...]."[61]

Eine solche unentfremdete Produktionsweise muss ohne Privateigentum organisiert sein. Denn erst das Privateigentum ermöglicht es, seine Arbeit auf andere abwälzen zu können und nur noch von der Miete, vom Zins, von der Aktienrendite oder von seinen Angestellten zu leben. Die privatwirtschaftliche Produktionsweise muss durch eine gemeinschaftliche ersetzt werden. Die Abschaffung der Lohnknechtschaft führt nach Engels dann zu einer ungeheuren Befreiung. Indem die Arbeit „jedem einzelnen die Gelegenheit bietet, seine sämtlichen Fähigkeiten, körperliche wie geistige, nach allen Richtungen hin auszubilden und zu betätigen", so hofft Engels, wird „aus einer Last eine Lust." [62]

Dass die Arbeit im Kommunismus nicht mehr als Last erlebt wird, hängt damit zusammen, dass sich jeder Mensch in der kommunistischen Gesellschaft gemäß seinen Fähigkeiten entfalten kann und dabei weiß, dass er nicht für das Wohl einzelner Kapitalisten arbeitet, sondern für das Wohl der Gemeinschaft, in deren Besitz sich alle Produktionsmittel befinden.

Das Reich der Freiheit

Doch Marx räumt ein, dass es auch im Kommunismus Fließbänder und monotone Arbeit gibt, die zur Erzeugung der Lebensmittel und Werkzeuge notwendig ist. Denn jede noch so gut und gemeinschaftlich organisierte Arbeit bleibt doch letztlich im Reich der Notwendigkeit angesiedelt:

> Jenseits desselben beginnt die menschliche Kraftentwicklung, die sich als Selbstzweck gilt, das wahre Reich der Freiheit, das aber nur auf dem Reich der Notwendigkeit als seiner Basis aufblühn kann. [63]

Obwohl wir also nach Marx immer auf die Arbeit als Basis unserer Reproduktion und Entfaltung angewiesen bleiben, muss die schrittweise Befreiung von der Arbeit ein Ziel für die Weiterentwicklung der Gesellschaft sein.

Der Kerngedanke von Marx

> Das Reich der Freiheit beginnt in der Tat erst da, wo das Arbeiten, das durch Not und äußere Zweckmäßigkeit bestimmt ist, aufhört; [64]

Es war also die große Hoffnung von Marx, dass durch „rationelle Produktion" und den gezielten Einsatz von Technik und Maschinen immer mehr Menschen teilweise oder ganz von der Arbeit freigestellt werden, um sich Wissenschaft, Kunst und Kultur zu widmen.

> Die Verkürzung des Arbeitstags ist die Grundbedingung. [65]

Das Reich der Notwendigkeit ist also am Ende nur eine Zwischenstation – auf dem Weg zur Freiheit.

Was nützt uns die Entdeckung von Marx heute?

Die Warnung vor dem Hexenmeister – Wie die Kontrolle behalten?

Die Kritik von Marx an den zentralen Mechanismen des Kapitalismus hat auch nach über hundertfünfzig Jahren erstaunliche Aktualität. Große Kapitale schlagen die kleineren, hatte Marx gesagt. Heute vergeht kaum ein Tag, an dem nicht Firmen von größeren Firmen zerschlagen, übernommen oder aufgekauft werden. Auch die Einführung von Kartellämtern und Aufsichtsbehörden kann nicht verhindern, dass es zu Monopolen und Preisabsprachen kommt. Aber nicht nur die von Marx beschriebene Kapitalkonzentration nimmt weltweit zu, auch die Verelendung schreitet voran. So gibt es in den meisten industrialisierten Staaten immer mehr Besserverdiener, während gleichzeitig die Zahl der Sozialhilfeempfänger, Geringverdiener und prekären Existenzen dramatisch ansteigt. Marx hat dieses Auseinanderklaffen der sozialen Schere als Folge der kapitalistischen Marktwirtschaft vorhergesagt:

Was nützt uns die Entdeckung von Marx heute?

> Das Kapital kann hier zu gewaltigen Massen in einer Hand anwachsen, weil es in dort in vielen einzelnen Händen entzogen wird. [66]

Es gibt keinen Zweifel an der Aktualität der marxistischen Kritik an der Marktwirtschaft. Was nützt uns aber diese Kritik? Was können wir verbessern? Marx vergleicht den bürgerlichen Kapitalismus aufgrund seiner gigantischen Warenproduktion und seines unkontrollierbaren Finanzsystems mit einem Magier oder Hexenmeister, dem seine eigene Magie über den Kopf gewachsen ist:

> [...] die moderne bürgerliche Gesellschaft, die so gewaltige Produktions- und Verkehrsmittel hervorgezaubert hat, gleicht dem Hexenmeister, der die unterirdischen Gewalten nicht mehr zu beherrschen vermag, die er herauf beschwor. [67]

Dieses Gleichnis vom Hexenmeister ist insofern von besonderer Aktualität, als die Bürger heutzutage den globalen Krisen tatsächlich zunehmend hilflos ausgeliefert sind.

So hat beispielsweise die weltweite Finanzkrise im Jahr 2008 die Menschen wie ein böser Zauber getroffen, ohne dass es wirklich einen Schuldigen zu geben schien. Die Politiker verwiesen auf die Banken, die wegen Fehlspekulationen und geplatzter Kredite nicht mehr zahlungsfähig waren. Die Bankmanager verwiesen auf die Kunden, die ihre Raten für die Immobilien nicht mehr bezahlt haben. Die Kunden beklagten ihre schlechte Einkommenslage, deretwegen sie ihre Immobilienzinsen nicht mehr bewältigen konnten. Einige Banken verweisen auch auf die Gier ihrer Kunden, die für ihre Spareinlagen viel zu hohe Zinsen erwarteten, was wiederum die Bankmanager in hochspekulative Geschäfte getrieben hätte. Der Kleinsparer, aber auch größere Anleger, geben ihr Geld oftmals der Bank mit den höchsten Zinsen und somit den profitabelsten, aber auch riskantesten und spekulativsten Investitionen. Und so schaukelt sich die Gewinnsucht und Spekulation immer weiter hoch – wie von einem Hexenmeister in Gang gesetzt, der seinen eigenen Zauber nicht mehr kontrollieren kann.

Im Grunde, so analysierten Finanzexperten nüchtern, ist es die im Kapitalismus ganz normale hohe Renditeerwartung der Wirtschaftssubjekte, also der Kunden, der Manager, der Bankaktionäre und der Unternehmen, die zwangsläufig globale Krisen erzeugt. Doch dieses Renditestreben ist die Triebfeder aller Produktivkräfte in der bürgerlich kapitalistischen Gesellschaft und darf somit nicht angetastet werden. Was also kann man tun, um künftige Krisen zu vermeiden? Nach Marx und Engels gibt es nur eine wirkliche Lösung: „[...] einmal in ihrer Natur begriffen, können sie [die Produktivkräfte] aus dämonischen Herrschern in willige Diener verwandelt werden. [...] Mit dieser Behandlung der heutigen Produktivkräfte tritt an die Stelle der gesellschaftlichen Produktionsanarchie eine gesellschaftlich-planmäßige Regelung der Produktion nach den Bedürfnissen der Gesamtheit wie jedes einzelnen." [68]

Die planmäßige Regelung der Produktion ist für Marx und Engels also die einzige Lösung für die ansonsten unkontrollierbare kapitalistische Produktion und Spekulation. Sie ist gleichbedeutend mit der kommunistischen Übernahme der Unternehmen und Banken, also der staatlichen Steuerung aller Produktionsprozesse. Doch die historische Entwicklung in den sozialistischen Ländern hat gezeigt, dass auch die von Marx und Engels geforderte Planwirtschaft große Probleme mit sich bringt. So wurden die Waren in den sozialistischen Ländern oft nicht in ausreichender Zahl und Qualität hergestellt. Es gab immer wieder Versorgungsengpässe und entsprechend lange Schlangen vor den Geschäften. Auch reagierten die staatlichen Planer und Funktionäre nicht schnell genug auf die sich wandelnden Bedürfnisse der Bevölkerung. Am Ende waren es die Bürger selbst, die der Planwirtschaft den Rücken kehrten und die kommunistischen Systeme wieder abschafften. Seit der Selbstauflösung der sozialistischen Staatengemeinschaft in den neunziger Jahren stehen wir nun vor dem Problem, dass die Kritik von Marx am Kapitalismus in vielen Bereichen nach wie vor zutrifft, dass sich aber sein Lösungsvorschlag, nämlich die Abschaffung des Privateigentums, auch nicht bewährt hat.

Dennoch können wir etwas ganz Entscheidendes von Marx lernen. Wir müssen hartnäckig daran arbeiten, dass der Kapitalismus nicht unregulierbar wird. Denn wenn die Gesellschaft erst einmal die Kontrolle über die Wirtschaft verliert, ist sie in der Tat verloren. Kontrolle der Wirtschaft bedeutet aber eine begrenzte, gleichwohl gezielte Einschränkung der freien Marktwirtschaft. So haben eine Reihe von Staaten, unter ihnen auch die Bundesrepublik Deutschland, nach dem Zweiten Weltkrieg versucht, eine sogenannte „soziale Marktwirtschaft" zu verwirklichen. Man wollte dem Kapitalismus ein menschliches Antlitz geben, indem man allen Bürgern einen Armutsschutz in Form von Sozialhilfe, kostenloser Bildung und ärztlicher Versorgung unabhängig vom Einkommen zusicherte. Auch sollte der Gefahr der Verelendung durch steuerliche Umverteilung und vermögenswirksame Leistungen entgegengewirkt werden. Ziel war die Erzeugung einer breiten Mittelschicht, um die Schere zwischen Arm und Reich zu schließen.

Durch die Globalisierung und die Konkurrenz mit Billiglohnländern wurden allerdings viele dieser sozialen Errungenschaften wieder abgeschafft. So gibt es heute in den meisten Ländern Europas Studiengebühren, private Schulen und Universitäten. Auch die Qualität der Gesundheitsversorgung ist durch die Einführung privater Versicherungssysteme wieder einkommensabhängig, und die Zahl der Armen nimmt in ganz Europa sprunghaft zu. Hier gilt es entschlossen entgegenzuwirken.

Wenn weder die ungezügelte Marktwirtschaft noch die totale Planwirtschaft erstrebenswert sind, muss ein Mittelweg gefunden werden. Ein Mittelweg, der die freie Entfaltung des Einzelnen mit all seinen Interessen und seinem Gewinnstreben zulässt, aber dort begrenzt, wo die Würde anderer angetastet wird. Die große Aufgabe der Zukunft wird also sein, das Eigeninteresse zuzulassen, aber die Gier zu begrenzen. Denn die unkontrollierte Gier ist letztlich der Hexenmeister, vor dem uns Marx zu Recht gewarnt hat. Eine Gesellschaft, welche die Kontrolle über die Wirtschaft verliert, ist verloren. Konkret kann dies nur heißen, gesetzliche Grundlagen für eine effiziente Banken- und Unternehmensaufsicht zu schaffen, die der Gewinnsucht Grenzen setzt.

Jede Zeit hat ihre Ideologie, auch die unsere - Ideologiekritik heute

Eine weitere wertvolle Entdeckung von Marx war zweifellos der Zusammenhang von Basis und Überbau. Marx hat als Erster die wirtschaftlichen Grundlagen des gesellschaftlichen Lebens und deren Einfluss auf die kulturelle und geistige Entwicklung erkannt. Tatsächlich besteht zwischen der Art und Weise, wie die Menschen ihr materielles Überleben sicherstellen, und ihren Überzeugungen eine enge Verbindung. Dies mussten selbst die Gegner des Marxismus anerkennen. Seit Marx beziehen fast alle Philosophen die materiellen Verhältnisse in ihre Betrachtungen mit ein.

Und tatsächlich ist es für jeden Menschen wichtig, sich seiner ökonomischen Basis bewusst zu werden, um daraus einen klaren Blick für den ideellen Überbau zu gewinnen. So wie sich das Feudalsystem mit dem Gottesgnadentum legitimierte, gehörte zur bürgerlich kapitalistischen Gesellschaft des 19. und 20. Jahrhunderts der Patriotismus und Nationalismus. Denn der Stolz auf die gemeinsame Sprache und Herkunft verband den Kapitalisten mit dem Lohnabhängigen zu einer Gemeinschaft, zu der sich alle zugehörig fühlen konnten, obgleich sie eigentlich gegensätzliche Interessen hatten. Marx kritisierte diesen Überbau aus der Sicht der Arbeiter als Ideologie, als falsches Bewusstsein. Denn der Nationalismus ist nach Marx eine Idee, die letztlich nur den Besitzern von Land und Kapital nützt:

> Die herrschenden Ideen einer Zeit waren stets nur die Ideen der herrschenden Klasse. [69]

Marx hielt den aufkommenden Nationalismus sogar für eine höchst gefährliche Ideologie, mit der die Bourgeoisie die Arbeiter gegeneinander ausspielen konnte. Wenn nämlich ein Arbeiter in den Krieg zieht, um sein Vaterland zu verteidigen, riskiert er sein Leben letztlich nicht für sein eigenes Interesse, sondern kämpft nur für die Besitzer von Land und Produktionsmitteln. Und selbst wenn der Krieg gewonnen wird, hat der Arbeiter keinerlei Vorteil von

Was nützt uns die Entdeckung von Marx heute?

den Eroberungen. Er kehrt wieder an seinen Arbeitsplatz zurück und bleibt Lohnabhängiger wie eh und je. Wozu also für fremde Interessen kämpfen? Nie mehr wieder, so Marx, dürfe es soweit kommen, dass der deutsche Arbeiter auf den französischen oder englischen Arbeiter schießt. Daher gründete Marx einen länderübergreifenden Zusammenschluss von Arbeiterparteien, die sogenannte „Internationale" und begann das berühmt gewordene kommunistische Manifest mit dem Appell an die Arbeiter, sich nicht mehr gegeneinander ausspielen zu lassen:

> Proletarier aller Länder vereinigt euch! [70]

Marx wäre entsetzt gewesen, hätte er miterleben müssen, dass es trotz seiner Warnung zu zwei Weltkriegen kam, in denen unter anderem französische, englische und deutsche Arbeiter wieder aufeinander schossen.

Heute scheint der Nationalismus als Ideologie fast überall in Europa überwunden. Aber wenn Marx Recht hat und es in jeder Gesellschaft eine herrschende Ideologie gibt, welche die materiellen Produktionsverhältnisse widerspiegelt und legitimiert, dann stellt sich die Frage, welche Ideologie wir heute haben. Gibt es auch im modernen Kapitalismus eine Ideologie, welche das Wirtschaftssystem mit seinen ungeheuren Einkommensunterschieden rechtfertigt? Gibt es vielleicht sogar einen geistigen Überbau, der trotz aller Wirtschaftskrisen den Egoismus der einzelnen Wirtschaftssubjekte als natürliche Bestimmung des Menschseins ausweist?

Man muss nicht lange suchen. Unsere Buchläden sind voll von Publikationen mit ideologischem Inhalt, die unser Wirtschaftssystem, statt es zu kritisieren und zu verbessern, unhinterfragbar als das einzig Wahre rechtfertigen. Der amerikanische Soziobiologe Richard Dawkins schrieb beispielsweise einen Bestseller mit dem Titel „Das egoistische Gen". Es sei im Menschen bereits genetisch angelegt, egoistisch zu sein und seine Ziele zu verfolgen. Die klassische These von Darwin, wonach es in der Natur um das Überleben der Art ginge, sei falsch. In Wirklichkeit folge die Evolution nur dem Gesetz der egoistischen Verbreitung der eigenen Gene. So würde etwa ein

Junglöwe, dem es gelingt, einen alten Löwen zu vertreiben und dessen Rudel zu übernehmen, als Erstes alle Neugeborenen tot beißen, um schneller seine eigenen Gene weitergeben zu können. Die Löwenweibchen sind nämlich solange nicht befruchtungsfähig, bis ihre Nachkommenschaft ein gewisses Alter erreicht hat. Sterben aber ihre Jungtiere, sind sie sofort wieder fruchtbar und der neue Rudelführer kann seine eigenen Gene schneller verbreiten. Für die Arterhaltung sei es nachteilig, wenn alle Neugeborenen getötet werden, für die egoistische Ausbreitung der eigenen Gene aber von Vorteil. Dieses Beispiel aus dem Löwenrudel zeige, so Dawkins, dass der Genegoismus der eigentliche Zweck der Evolution sei und nicht das Überleben der Art, wie es noch Darwin behauptet hat. Auch der deutsche Soziobiologe Winkler vertritt in seinem Buch „Das Prinzip Eigennutz" die Theorie, dass Menschen aufgrund ihrer genetischen Kodierung egoistisch handeln müssen und dies auch alltäglich tun.

Bei solchen naturwissenschaftlichen Hypothesen liegt der Verdacht nahe, dass es sich weniger um eine gesicherte Wahrheit als vielmehr im Sinne von Marx um einen ideologischen Überbau, also um falsches Bewusstsein handelt. Das Beispiel vom egoistischen Verhalten des Löwen, mag durchaus zutreffen, allerdings kann man in der Natur auch Gegenbeispiele finden. Elefanten und Büffel beispielsweise ziehen Neugeborene in der Herde mit auf, auch wenn das Muttertier stirbt. Der Verweis auf einzelne Beispiele in der Natur ist also prinzipiell äußerst fragwürdig. So kann man auch die Ehe nicht einfach als einzig natürliche Lebensform ansehen, nur weil die Störche monogam leben. Es gibt ebenso viele Gegenbeispiele und es wäre willkürlich und selbstbetrügerisch, sein Treueverhalten nach irgendwelchen Vorbildern in der Natur auszurichten oder sich gar moralisch darauf zu berufen. Von einer ähnlichen Beliebigkeit sind die Rückschlüsse der Soziobiologen vom angeblich genetisch codiertem Verhalten der Tiere auf das gesellschaftliche Leben der Menschen.

Verdächtig ist vor allem, dass in einer Situation, in der weltweit Individuen um Arbeitsplätze und Ressourcen konkurrieren müssen, sich prompt Naturwissenschaftler bemüßigt fühlen, den entsprechenden Überbau zur ökonomischen Basis zu liefern, einen Überbau, der den ökonomischen Konkurrenzkampf „aller gegen alle" als ganz natürlich und biologisch verankert darstellt. Das Gefährliche an solchen – oft weit hergeholten – ideologischen Biologismen ist, dass alle diejenigen, die diese Bücher lesen und sich vorher noch geduldig und entspannt im Supermarkt in der Schlange angestellt haben, plötzlich zu drängeln anfangen. Es ist zu erwarten, dass in nächster Zeit noch eine ganze Reihe solch pseudowissenschaftlicher Beweise zum angeborenen Egoismus erbracht werden.

Wer aber Marx gelesen hat, weiß, dass man sich immer vergegenwärtigen muss, dass es sich bei diesen angeblich wissenschaftlichen Studien meist um simplen Überbau und – in diesem Fall sogar um eine recht plumpe – Widerspiegelung der materiellen Basis handelt und keineswegs um die Wahrheit. Wenn Marx nämlich mit seiner These recht hat, dass jede Zeit ihren Überbau und ihre Ideologie hervorbringt, dann trifft dies auch auf unsere Zeit zu. Deshalb sollten wir wachsam bleiben und vielleicht sogar Ideologiekritik zum Schulfach erheben. Eine lebendige Gesellschaft braucht ständige Selbstkritik und ständige Arbeit an der Verbesserung der materiellen Verhältnisse. Man muss sich auch bei wissenschaftlichen Theorien daher immer die Frage stellen, was ist die Wahrheit und was ist ideologischer Überbau, der die gegenwärtigen ökonomischen Verhältnisse auf ewig zementieren will. Marx hat uns das Handwerkszeug gegeben, Ideologie als falsches Bewusstsein zu erkennen und uns davon zu befreien.

Das Reich der Freiheit verwirklichen – Arbeit ist nur eine Zwischenstation

Die vielleicht schönste und wichtigste Perspektive, die uns Marx hinterlassen hat, ist seine Vision vom Reich der Freiheit. Diese Vision hat – wie so viele Gedanken von Marx – eine bestechende Logik. Die Menschen müssen seit jeher arbeiten, um ihren Lebensunterhalt zu bestreiten.

Doch im Verlauf der Geschichte haben sie immer bessere Produktionsmittel hervorgebracht. Vielleicht stehen wir dank der Maschinen, Roboter und Computer irgendwann an der historischen Schwelle, an der wir so effizient produzieren, dass wir aus dem Reich der entfremdeten Arbeit und der Notwendigkeit heraustreten können. Auch Marx hat die wachsende Effizienz der modernen Produktionsmöglichkeiten erkannt und bereits massive Arbeitszeitverkürzungen gefordert:

Was nützt uns die Entdeckung von Marx heute?

> Der wirkliche Reichtum der Gesellschaft und die Möglichkeit der beständigen Erweiterung ihres Reproduktionsprozesses hängt nicht ab von der Länge der Mehrarbeit, sondern von ihrer Produktivität und den mehr oder minder reichhaltigen Produktionsbedingungen, worin sie sich vollzieht. [71]

Der Reichtum unserer Gesellschaft basiert also nach Marx nicht mehr auf den Arbeitsstunden, die wir ableisten, sondern auf dem Einsatz von Technik, Maschinen und Energie. Was früher ein Bauernhof mit 10 Kindern, 8 Mägden und 20 Knechten mit Sensen und Heuwägen an Lebensmitteln produzierte, schafft heute ein einzelner Landwirt mit Hilfe seiner Maschinen. Auch kommen bereits erste Autos fertig vom Fließband, ohne dass Menschen bei der Produktion noch Hand anlegen. In vielen entwickelten Gesellschaften werden deshalb bei weitem nicht mehr alle Bürger für die gesellschaftliche Arbeit gebraucht. Die meisten europäischen Länder haben sogenannte „Arbeitslose". Der Begriff ist negativ, denn er drückt den Mangel beziehungsweise den Verlust der Arbeit aus und nicht den möglichen Gewinn. Denn eigentlich ist es eine gute Sache, dass immer mehr Menschen dank der Maschinen und Computer von stumpfsinnigen Arbeiten freigestellt werden. Vielleicht sollte man statt von Arbeitslosen von Freigestellten sprechen. Marx hat uns als einer der ersten darauf hingewiesen, dass Selbstverwirklichung auch jenseits der Arbeit möglich ist, dass sich in Zukunft weite Teile der Bevölkerung Kunst, Wissenschaft und Forschung widmen können. Er hatte die große Vision von einem Reich der Freiheit jenseits der materiellen Arbeit:

> Das Reich der Freiheit [...] liegt also der Natur der Sache nach jenseits der Sphäre der eigentlichen materiellen Produktion. [72]

Was nützt uns die Entdeckung von Marx heute?

Wenn Marx recht hat, und wir es mit modernen Produktionsmitteln irgendwann schaffen können, Teile der Bevölkerung von der Arbeit freizustellen, dann ist die Entfaltung jenseits der Arbeit ein begrüßenswerter Absprung aus dem Reich der Notwendigkeit – ein historischer Meilenstein auf dem Wege der Befreiung des Menschen von der bloßen Naturaneignung. Hierzu gehört natürlich auch die Beteiligung der Freigestellten am Erlös der gesellschaftlichen Produktion, was für Marx selbstverständlich war. Und diese marxistische Vision wird heute zunehmend diskutiert. Vielleicht ist die Zeit reif für die Einführung des sogenannten „bedingungslosen Grundeinkommens".

Das Brillante dieser Idee besteht darin, dass jeder Bürger dieses Grundeinkommen bezieht, auch wenn er darüber hinaus noch arbeitet. So entsteht kein Neid und jeder hat die Freiheit, sein Einkommen zu erhöhen und sich frei zu entfalten. Gleichzeitig ist es aber gesellschaftlich akzeptiert, von seinem Grundeinkommen zu leben und sich, wie Marx es vorzudenken wagte, Wissenschaft, Kunst und Kultur zu widmen. Da ohnehin nicht genug Arbeit für alle da ist, würde es sogar als lobenswert gelten, wenn sich Menschen für den materiell bescheidenen, aber von den geistigen Entfaltungsmöglichkeiten her, reichhaltigeren Weg entscheiden würden. Zudem würde man die immensen Kosten für den Verwaltungsapparat und die Mitarbeiter des Arbeitsamtes sparen, da das Grundeinkommen von den normalen Finanzämtern ohne Antragsstellung ab dem achtzehnten Lebensjahr per Dauerauftrag überwiesen würde.

Unabhängig davon, welche konkrete Lösung gefunden wird, eines steht fest: Die moderne Gesellschaft produziert bereits mit so hoher Effizienz, dass tatsächlich immer mehr Menschen von der Arbeit freigestellt werden. Die Vision von Marx nimmt also bereits konkrete Formen an. Vielleicht sind wir an jenem historischen Wendepunkt angekommen, der es uns erlaubt, etwas zu wagen. Warum nicht den ersten Schritt gehen – in das „Reich der Freiheit"?

Was nützt uns die Entdeckung von Marx heute?

Egoismus mag erfolgreich sein – Vollendung findet der Mensch nur als Gattungswesen

Von Marx lernen, heiß, sich der Wurzeln des Kapitalismus bewusst zu werden und seine Schwächen zu erkennen. Und seine wohl größte Schwäche ist zugleich seine größte Stärke. Es ist der Egoismus des einzelnen Produzenten und Konsumenten. Adam Smith, der Urvater des Kapitalismus, hat einmal gesagt, dass es letztlich nur diesem Egoismus zu verdanken sei, dass die Regale im Supermarkt immer voll sind. Ist nämlich eine Ware knapp, steigt sofort der Preis und sie wirft einen hohen Profit ab. Die Folge ist, dass auch andere Unternehmer diese gewinnträchtige Ware herstellen. Dadurch kommt es zu einer vermehrten Produktion, bis die Ware wieder im Überfluss angeboten wird. Um die Ware noch verkaufen zu können, unterbieten sich dann die Hersteller gegenseitig im Preis. Am Ende liegt die vormals knappe und teure Ware wieder günstig und in großer Zahl im Supermarktregal. Adam Smith bezeichnete diese Selbstregulierung der Produktion auch euphorisch als göttliches Gleichgewicht und sprach von einer unsichtbaren Hand, die den Egoismus der Unternehmer in Allgemeinwohl verwandeln würde.

Tatsächlich konnte die planwirtschaftliche Produktion der sozialistischen Länder die Effizienz und Schnelligkeit der egoistisch wirtschaftenden Privatproduzenten und Händler in Amerika und Westeuropa niemals ganz erreichen. Allerdings war und ist das Gewinnstreben als Motor des Kapitalismus zugleich auch seine größte Schwäche, wie Engels und Marx präzise erkannten. „Die platte Habgier war die treibende Seele der Zivilisation von ihrem ersten Tag bis heute. Reichtum und abermals Reichtum und zum dritten Mal Reichtum, Reichtum nicht der Gesellschaft, sondern dieses einzelnen lumpigen Individuums, ihr einzig entscheidendes Ziel." [73]

Diese mahnenden Worte sind leider sehr aktuell. Denn überall dort, wo keine unmittelbare Marktregulierung durch den Staat und seine Gesetze stattfindet, führt Habgier und Egoismus zu großem Schaden für die Gesellschaft. Die unsichtbare Hand funktioniert in vielen Bereichen überhaupt nicht. So genehmigen sich Vorstandsmitglieder, die über ihre Bezüge selbst entscheiden, Gehälter und Boni, die in keinem Verhältnis zu ihren erbrachten gesellschaftlichen Leistungen stehen. Auch werden dem Gewinnstreben rücksichtslos ökologische Ressourcen geopfert. Fraglos erzieht die bürgerlich kapitalistische Gesellschaft ihre Bürger in vielerlei Hinsicht zu Egoisten, die sich als Individuen in Konkurrenz mit anderen egoistischen Individuen behaupten müssen. Das aber geht nach Marx an der wesensmäßigen Bestimmung des Menschen vorbei.

> Der Mensch ist ein Gattungswesen [...]. [74]

Damit beschreibt Marx zum einen die Tatsache, dass Menschen eigentlich von ihrer Natur her keine egoistischen Einzelgänger sind, sondern als soziale Wesen in Familien, Gemeinschaften und Staaten zusammenleben, sich paaren, sich vermehren, gemeinsam arbeiten, essen und ihre Freizeit verbringen. Zum anderen aber auch, und das ist die weitergehende Bedeutung dieser Aussage, kann der Mensch nur als Gattungswesen seine eigentliche Bestimmung und Befriedigung finden. Bereits als Jugendlicher schreibt Marx in seiner Abiturarbeit:

> Die Hauptlenkerin aber, die uns [...] leiten muss, ist das Wohl der Menschheit, unsere eigene Vollendung. Man wähne nicht, diese beiden Interessen könnten sich feindlich bekämpfen, [...] sondern die Natur des Menschen ist so eingerichtet, dass er seine Vervollkommnung nur erreichen kann, wenn er für die Vollendung, für das Wohl seiner Mitwelt wirkt. [75]

Natürlich ist die Versuchung groß, sich von den eigenen Interessen leiten zu lassen und erst mal seine ganze Energie für das eigene Wohlergehen und das seiner Kinder einzusetzen. Es geht im Leben aber

Was nützt uns die Entdeckung von Marx heute?

nicht nur darum, sich und die Seinen voranzubringen, sondern die Gesellschaft als Ganzes lebenswert zu machen. Der Einsatz für andere, das Gefühl von Verantwortung für das große Ganze, also die Bereitschaft, für das Wohlergehen aller einzustehen, ist, so Marx, die eigentliche und vielleicht höchste Bestimmung des Menschen:

> Wenn er nur für sich selbst schafft, kann er wohl ein berühmter Gelehrter, ein großer Weiser, ein ausgezeichneter Dichter, aber nie ein vollendeter, wahrhaft großer Mensch sein. [76]

Zitatverzeichnis

1   Zitat, Karl Marx, Friedrich Engels, Manifest der Kommunistischen Partei, in: Karl Marx, Friedrich Engels, Werke in 39 Haupt- und zwei Ergänzungsbänden, Dietz-Verlag Berlin 1956, Band 4, S. 462, im Folgenden abgekürzt als MEW
2   Zitat, Thesen über Feuerbach, MEW, Band 3, S. 535
3   Zitat, Manifest der Kommunistischen Partei, MEW, Band 4, S. 462
4   Zitat, Brief von Marx an Engels vom 8. September 1852, MEW, Band 28, S. 128
5   Zitat, Deutsche Ideologie, MEW, Band 3, S. 28
6   Zitat, Deutsche Ideologie, MEW, Band 3, S. 28
7   Zitat, Einleitung zur Kritik der politischen Ökonomie, MEW, Band 13, S. 619
8   Zitat, Deutsche Ideologie, MEW, Band 3, S. 21
9   Zitat, Ökonomisch-philosophische Manuskripte, MEW, Ergänzungsband 1, S. 516
10 Zitat, Das Kapital I, MEW, Band 23, S.57
11 Zitat, Ökonomisch-philosophische Manuskripte, MEW, Ergänzungsband 1, S. 517
12 Zitat, Ökonomisch-philosophische Manuskripte, MEW, Ergänzungsband 1, S. 516
13 Zitat, Ökonomisch-philosophische Manuskripte, MEW, Ergänzungsband 1, S. 539
14 Zitat, Deutsche Ideologie, MEW, Band 3, S. 21
15 Zitat, Deutsche Ideologie, MEW, Band 3, S. 21
16 Zitat, Deutsche Ideologie, MEW, Band 3, S. 21, 27
17 Zitat, Ökonomisch-philosophische Manuskripte, Ergänzungsband 1, MEW, S. 537
18 Zitat, Engels, F. Anti-Dühring, MEW, Band 20, S. 87
19 Zitat, Deutsche Ideologie, MEW, Band 3, S. 26
20 Zitat, Deutsche Ideologie, MEW, Band 3, S. 26
21 Zitat, Manifest der Kommunistischen Partei, MEW, Band 4, S. 480
22 Zitat, Kritik der Hegelschen Rechtsphilosophie, 1844, MEW, Band 1, S. 378
23 Zitat, Kritik der Hegelschen Rechtsphilosophie, 1844, MEW, Band 1, S. 378 f.

24 Zitat, Kritik der Hegelschen Rechtsphilosophie, 1844, MEW, Band 1, S. 378
25 Zitat, Kritik der Hegelschen Rechtsphilosophie, 1844, MEW, Band 1, S. 379
26 Zitat, Kritik der Hegelschen Rechtsphilosophie, 1844, MEW, Band 1, S. 379
27 Zitat, Kritik der Hegelschen Rechtsphilosophie, 1844, MEW, Band 1, S. 385
28 Zitat, Engels, F., Der Ursprung der Familie, des Privateigentums und des Staates, MEW Band 21, S. 168 f.
29 Zitat, Engels, F., Der Ursprung der Familie, des Privateigentums und des Staates, MEW Band 21, S. 169
30 Zitat, Manifest der Kommunistischen Partei, MEW, Band 4, S. 462
31 Zitat, Manifest der Kommunistischen Partei, MEW, Band 4, S. 462
32 Zitat, Manifest der Kommunistischen Partei, MEW, Band. 4, S. 467
33 Zitat, Manifest der Kommunistischen Partei, MEW, Band. 4, S. 466
34 Zitat, Manifest der Kommunistischen Partei, MEW, Band. 4, S. 467
35 Zitat, Das Kapital I, MEW, Band 23, S. 791
36 Zitat, Manifest der Kommunistischen Partei, MEW, Band. 4, S. 493
37 Zitat, Lohnarbeit und Kapital, Neue Rheinische Zeitung vom Jahre 1849, MEW, Band 6, S. 409
38 Zitat, Lohnarbeit und Kapital, Neue Rheinische Zeitung vom Jahre 1849, MEW, Band 6, S. 410
39 Zitat, Lohnarbeit und Kapital, Neue Rheinische Zeitung vom Jahre 1849, MEW, Band 6, S. 400
40 Zitat, Das Kapital I, MEW, Band 23, S. 647
41 Zitat, Das Kapital I, MEW, Band 23, S. 654
42 Zitat, Das Kapital I, MEW, Band 23, S. 654
43 Zitat, Das Kapital I, MEW, Band 23, S. 655
44 Zitat, Das Kapital I, MEW, Band 23, S. 655
45 Zitat, Das Kapital I, MEW, Band 23, S. 790
46 Zitat, Das Kapital I, MEW, Band 23, S. 655
47 Zitat, Das Kapital I, MEW, Band 23, S. 790 f.
48 Zitat, Das Kapital I, MEW, Band 23, S. 673
49 Zitat, Vorwort zur Kritik der Politischen Ökonomie, MEW, Band 13, S. 9
50 Zitat, Das Kapital I, MEW, Band 23, S. 791
51 Zitat, Deutsche Ideologie, MEW, Band 3, S. 35

52 Zitat, Manifest der Kommunistischen Partei, MEW, Band 4, S. 475
53 Zitat, Kritik der Hegelschen Rechtsphilosophie, MEW, Band 1, S.385
54 Zitat, Deutsche Ideologie, MEW, Band 3, S. 70
55 Zitat, Deutsche Ideologie, MEW, Band 3, S. 70
56 Zitat, Vorwort zur Kritik der politischen Ökonomie, MEW, Band 13, S. 9
57 Zitat, Manifest der Kommunistischen Partei, MEW, Band 4, S. 482
58 Zitat, Engels, F., Der Ursprung der Familie, des Privateigentums und des Staates, MEW, Band 21, S. 169
59 Zitat, Ökonomisch-philosophische Manuskripte, MEW, Ergänzungsband 1, S. 514
60 Zitat, Ökonomisch-philosophische Manuskripte, MEW, Ergänzungsband 1, S. 514
61 Zitat, Engels, F. Anti-Dühring, MEW Band 20, S. 273 f.
62 Zitat, Engels, F. Anti-Dühring, MEW Band 20, S. 274
63 Zitat, Kapital III, MEW, Band 25, S. 828
64 Zitat, Kapital III, MEW, Band 25, S. 828
65 Zitat, Kapital III, MEW, Band 25, S. 828
66 Zitat, Das Kapital I, MEW Band 23, S. 655
67 Zitat, Manifest der Kommunistischen Partei, MEW, Band 4, S. 467
68 Zitat, Engels, F., Die Entwicklung des Sozialismus von der Utopie zur Wissenschaft, MEW, Band 19, S. 223
69 Zitat, Manifest der Kommunistischen Partei, MEW, Band 4, S. 480
70 Zitat, Manifest der Kommunistischen Partei, MEW, Band 4, S. 493
71 Zitat, Kapital III, MEW, Band 25, S. 828
72 Zitat, Kapital III, MEW, Band 25, S. 828
73 Zitat, Engels, F., Der Ursprung der Familie, des Privateigentums und des Staates, MEW, Band 21, S. 171
74 Zitat, Ökonomisch-philosophische Manuskripte, MEW, Ergänzungsband 1, S. 515
75 Zitat, Betrachtungen eines Jünglings bei der Wahl eines Berufes. Deutscher Aufsatz aus dem Jahr 1835, MEW, Ergänzungsband 1, S. 594
76 Zitat, ebenda, S. 594

In dieser Reihe erschienen:

Walther Ziegler
Camus in 60 Minuten
2. Auflage: Juli 2015
84 Seiten, Paperback, € 9,99
ISBN 978-3-7347-8170-4

Walther Ziegler
Freud in 60 Minuten
2. Auflage: Juli 2015
96 Seiten, Paperback, € 9,99
ISBN 978-3-7347-8024-0

Walther Ziegler
Hegel in 60 Minuten
2. Auflage: Juli 2015
128 Seiten, Paperback, € 9,99
ISBN 978-3-7347-8128-5

Walther Ziegler
Heidegger in 60 Minuten
2. Auflage: Juli 2015
108 Seiten, Paperback, € 9,99
ISBN 978-3-7347-8169-8

Walther Ziegler
Kant in 60 Minuten
2. Auflage: Juli 2015
144 Seiten, Paperback, € 9,99
ISBN 978-3-7347-8172-8

Walther Ziegler
Marx in 60 Minuten
2. Auflage: Juli 2015
112 Seiten, Paperback, € 9,99
ISBN 978-3-7347-8154-4

Walther Ziegler
Platon in 60 Minuten
2. Auflage: Juli 2015
112 Seiten, Paperback, € 9,99
ISBN 978-3-7347-8158-2

Walther Ziegler
Rousseau in 60 Minuten
2. Auflage: Juli 2015
112 Seiten, Paperback, € 9,99
ISBN 978-3-7347-2555-5

Walther Ziegler
Sartre in 60 Minuten
2. Auflage: Juli 2015
116 Seiten, Paperback, € 9,99
ISBN 978-3-7347-8156-8

Walther Ziegler
Smith in 60 Minuten
2. Auflage: Juli 2015
100 Seiten, Paperback, € 9,99
ISBN 978-3-7347-8157-5

Große Denker in 60 Minuten

Sämtliche Bücher der Reihe sind auch gebunden als Hardover im gleichen Verlag erschienen.

Demnächst in dieser Reihe:

Walther Ziegler
Adorno in 60 Minuten

Walther Ziegler
Arendt in 60 Minuten

Walther Ziegler
Bacon in 60 Minuten

Walther Ziegler
Descartes in 60 Minuten

Walther Ziegler
Foucault in 60 Minuten

Walther Ziegler
Habermas in 60 Minuten

Walther Ziegler
Hobbes in 60 Minuten

Walther Ziegler
Nietzsche in 60 Minuten

Walther Ziegler
Popper in 60 Minuten

Walther Ziegler
Rawls in 60 Minuten

Walther Ziegler
Schopenhauer in 60 Minuten

Walther Ziegler
Wittgenstein in 60 Minuten

Der Autor:

Dr. Walther Ziegler hat Philosophie, Geschichte und Politik studiert. Als Auslandskorrespondent, Reporter und Nachrichtenchef des Fernsehsenders ProSieben produzierte er Filme auf allen Kontinenten. Seine Reportagen wurden mehrfach preisgekrönt. Seit 2007 bildet er in München junge TV-Journalisten aus und leitet die Medienakademie auf dem Gelände der Bavaria Film, eine Hochschulbildungseinrichtung für Film- und Fernsehstudiengänge. Er ist zugleich Autor zahlreicher philosophischer Bücher. Als langjährigem Journalisten gelingt es ihm, das komplexe Wissen der großen Philosophen spannend und verständlich darzustellen.